マジ文章書けないんだけど

前田 安正

大和書房

まえがき

　胸を張って、文章を書くのが得意だと言える人は、ほとんどいないのではないでしょうか。少なくともこの本を手に取ったあなたは、文章を書くことに対してわずかながら苦手意識を持っているのだと思います。

　この本は、そういう皆さんに向けて書いたものです。メール、手紙、稟議書、企画書…社会に出ると、想像以上に文章に関わる機会が増えます。「いまはパワーポイントで説明すればいいんだから、文章なんて書けなくても大丈夫だ」という声もあるでしょう。しかし、そのパワーポイントもどういうストーリーで作るのかによって、説得力に大きな差が生まれます。そのストーリー作りこそが文章力です。

　特に就職活動を目の前に控えた大学生は、エントリーシート（ES）をいかに書くかが、その先にある世界に踏み出せるかどうかの一里塚でもあります。

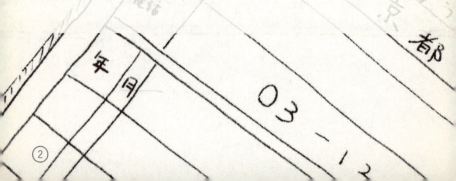

まえがき

　この本は、大学3〜4年生から社会人になって文章を書くことに戸惑いを感じている方に焦点を絞った文章本です。ストーリー仕立てになっていて、ある謎のおじさんと就活を目の前にしてESが書けずに焦っている大学生・浅嶋すずとの掛け合いで文章講座が進みます。文章を書く力を得るにつれ、人生の道が大きく広がっていく…。そんなストーリーを通じて、文章の書き方を伝えていこうと思うのです。

　見ための軽さに比べて、内容は意外に濃いはずです。簡単な文の構造を知ることから始め、最後にはわかりやすい文章が書けるように構成されています。これは本として読みながら、ノートのように書き込んで使えるようになっています。ボロボロになるまで、使い込んでください。ここには、あなたの将来の扉を開くカギが隠されています。

　さあ、手に取ってページを開いてください。

CONTENTS
目次

まえがき ——— 2

プロローグ ——— 9

初級

1st. STEP 基本中の基本！ 主語と述語について考える

LESSON 1 書く前に自分と向き合う ——— 18
自分の長所と短所を見つける

LESSON 2 ボディーづくりは骨格と肉から ——— 22
主語と述語の対応

LESSON 3 泣きそうなのは誰？ ——— 34
「が」と「は」の違い

LESSON 4 「は」と「が」、それが問題だ ——— 40
「は」の役割を考える

LESSON 5 「は」「が」ゆい思いがミチてます ——— 46
助詞の使いわけを考える

LESSON 6 やっぱりマッチングってあるでしょ ——— 56
副詞の係り受けを考える

もくじ

中級
2nd. Step　文章を書く基本！　文と文章の構造を考える

LESSON 7	**距離感は大切でしょ！** こそあど言葉	66
LESSON 8	**しつこいと嫌われる** 同じ表現を繰り返さない	74
LESSON 9	**あれこれ言っても伝わらない** 言葉を整理する	82
LESSON 10	**つなぎは少なめが美味** 「だが」「ので」はできるだけ使わない	91
LESSON 11	**視点をずらすと世界が変わる** 能動態と受動態を使いこなす	100
LESSON 12	**生きた化石は生きている** 過去形と現在形の関係	109
LESSON 13	**テンでバラバラにならないように** 読点の位置を意識する	118

もくじ

上級

3rd. Step　めざせ！ 伝わる文章　人の思考を意識する

LESSON 14　何にでも相性はある　　　　130
述語に掛かる品詞はそろえる

LESSON 15　二股かけると失敗するぞ　　　135
一つの文に一つの要素

LESSON 16　好きなら好きと最初に言おう　143
前提はいらない、結論から書き出せ

LESSON 17　「なう」だけじゃ、心は伝わらない　149
「状況」「行動」「変化」で文章を考える

LESSON 18　素材勝負、味付けは控えめに　155
箇条書きで文章をつくる

もくじ

プロ級

Final Step 秘策！文章マスターへの道　「Why」を意識する

LESSON 19 知ってるつもりが一番危ない 163
5W1Hの活用を考える

LESSON 20 厚化粧は必要ない 173
とことん「Why」を使って書く

LESSON 21 あるがままの君がすてきだ 182
写生文を使って客観的に書く

LESSON 22 スリムなボディーで力強く 192
いよいよESに挑戦　学生時代に頑張ったこと

LESSON 23 自分のストーリーを描き出せ 205
志望動機の書き方

エピローグ 217

あとがき 222

CAST キャスト

就活を控えてESの
文章が書けずに悩む大学生
浅嶋 すず

OB2商事
社会人3年目
現在のすず

カフェM&Sの常連、カプチーノ好き。
実は文章の達人!?
謎のおじさん

PROLOGUE プロローグ

「えー、マジ文章書けないんだけど」

「えーっ！ マジ、マジ？ それ相当ヤバいよ」

　師匠との出会いは、そんな落胆と驚きと声にならない悲鳴からだったの。だって、文章が書けないってことが、人生においてそんなに大きな損失になるとは思わなかったから。

　あ、ごめんなさい。いきなりこんな話から始めても、なんのことだかわからないですよね。まずは自己紹介から。初めまして。私、ＯＢ２（おびつ）商事営業１部に勤めている浅嶋すずと申します。どうぞよろしくお願いします。

1週間ほど前、人事部からリクルーターになるようにって言われたの。でも私は入社3年目で、まだまだ修業の身だし、学生時代に就職活動の仕方すらわからなくて、どうすればいいんだろうと途方に暮れた経験しかない。学生時代に誇れるものもなかったし、エントリーシートに何を書けばいいのかもわからない。そもそも文章を書くなんて、まつげにマッチ棒を乗せるより難しいことだった。だから、そんなことは無理だって人事部に言ったの。そうしたら「そういうあなただからこそ、後輩達の立場に立って話を聞くことができるはずだ」って言われたの。

　2、3日考えて、もしかしたら多くの後輩が大なり小なり私と同じような悩みを持っているのかもしれないと思い直して、大役を引き受けることにしたってわけなの。

PROLOGUE

　私は小学校5年のときに吹奏楽部に入って以来、大学卒業までトランペットをやってたの。でも、これがなかなかうまくならなくて、暇さえあればマウスピースを口に当てて吹いてた。二つ上の姉が大学受験のときに、家の中でトランペットの練習をして喧嘩になったこともあったなあ。高校3年のときには吹奏楽コンクールで全国大会まであと一歩のところまでいったんだけど。

　入った大学には普通の吹奏楽部がなかったの。だから応援部の吹奏楽に入って、野球の応援にも行った。めちゃくちゃ弱いからリーグ戦といっても高校のグラウンドを借りて試合して、観客席もないから応援は歩道に並んでしたこともあった。「部活に青春を捧げた」なんて言うと恥ずかしいけれど、実際に部活とバイトに時間を取られて勉強はそこそこだった。

就活の時期になって、みんなOB・OG訪問なんかするでしょ。そこでやっとリアルに気付くわけよ。いつまでも学生生活を続けられるわけじゃないって。社会に出て何か仕事をしておカネを稼がないと暮らしていけないということにね。そして、さらに思い知らされたの。そう、就職はそう生易しいことではないって。就活しながら部活もやって、にわか勉強といってもどこから手をつけていけばいいかもわからない感じだった。

　そんなときに、バイト先の喫茶店によく来ていた60歳過ぎの妙なおじさんと知り合いになったの。この出会いが私の人生に光を当ててくれたと言ってもいいくらい。

その日は珍しく部活もバイトもなかったの。ほかにすることもなかったので、バイト先のカフェで初めて就活本を読もうと思ったんだ。

本を開いてビックリ！　志望動機、自己アピール、会社で成し遂げたいこと…。ああ、就活ってまずエントリーシート（ＥＳ）を書かないと始まらないんだ。えー、文章なんかほとんど書いたことがないしどうしよう、と思ってたら、横からぬーっと常連のおじさんが本を覗くわけ。

—— うわっ！　　　　　思わず声を出してしまった。

ふーん、就活なんだ。どこ受けるの？

って聞いてくるのよ。このおじさん、バイト先でも結構有名でね。毎日、昼過ぎに来て「シナモンたっぷりね」って言ってカプチーノのグランデを頼むの。それで２〜３時間本を読みながらゆっくりしていくの。毎日よ。何している人なんだろうってバイト仲間でひそひそ話をするんだけど謎なのよ。服装はスーツではないけど、結構よさげなものを雑に着てる感じでね。

—— え、まだ決めてないんですけど。

ああ、そうなんだ。どこもＥＳがカギだから大変だなあ。

えー！　やっぱりそうなんだ。

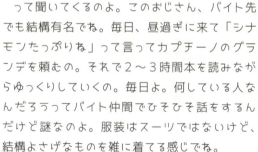

―― ESってそんなに大事なものなんですか？

私は思わず聞いてしまった。

そりゃそうだよ。ESは社会の扉を開くカギだからね。これでまず扉を開かないことには、先に進めないだろ？

おじさん、あきれ顔だ。

―― えー、マジ文章書けないんだけど。

と言うと

えーっ！ マジ、マジ？ それ相当ヤバいよ。

何だか、どんどん自分がダ×人間のように思えてきた。私って、これまで何してたんだろう。凹むなあ。それでも好奇心を抑えきれず、聞いたわけ。

―― あのー、一つ聞いてもいいですか？

なに？

―― おじさん、何をしている人なんですか？ 毎日ここに2〜3時間いらっしゃるけど…。

おじさん!? まあ、いいか。僕は20年くらい前まで普通のサラリーマンをしてたんだ。その後起業してね、これがまあまあ上手くいって、今はVCやってるんだ。

―― ＶＣって？　ビタミンＣ？？？

え、え、え？　ビタミン？　いやいや、ベンチャーキャピタルのことさ。新進の企業に投資してるんだよ。

―― っていうことは、サラリーマンの仕事も起業する人のことも知ってるんですよね。

うん、まあそうだね。

―― あの、よかったら私に投資してくれませんか？

なに？　なんか起業する予定があるの？

―― いや、そうじゃなくて、ＥＳの書き方とか私の就活への投資です。

そういうのって、投資とは言わない気もするけどなあ。

―― お願いします。これから師匠と呼ばせて下さい。

これだっ！って思って、かなり強引に就活の手ほどきをお願いすることにしたの。だって、一人じゃとてもうまくいきそうになかったし。でもこれは結局のところ、相手に伝わる文章の書き方の手ほどきだったんだ。

　これから、師匠に教わった文章の書き方を皆さんにお伝えしようと思います。単に就活のためのものではなくて、これさえ押さえておけば、未来の扉を必ず開けることができると思う。だって、私がそうだったんだもの。最後まで読んでみて。チルチル・ミチルじゃないけれど、人生における奇跡って案外身近にあるものだってことがわかると思う。

1st. STEP

基本中の基本！
主語と述語について考える

初級だよ

LESSON 1	書く前に自分と向き合う
LESSON 2	ボディーづくりは骨格と肉から
LESSON 3	泣きそうなのは誰？
LESSON 4	「は」と「が」、それが問題だ
LESSON 5	「は」「が」ゆい思いがミチてます
LESSON 6	やっぱりマッチングってあるでしょ

LESSON 1
書く前に自分と向き合う
自分の長所と短所を見つける

　僕は、就職がすべてだとは思わないんだけど、それでも就活の時期に自分としっかり向き合う時間を持つってことは、人生のなかでも重要だと思っているんだ。

―― 自分と向き合う？

　そう。これまで漠然と過ごしていた二十数年を振り返って、自分がなにをどう考えてきたのか、どういう思いを持ってここまで生きてきたのかを知るってことだよ。そうすれば、これからどういう方向に進みたいかもわかってくるし、就活の大きな柱を立てることができるからね。

―― あの…、それでどうしたらいいんですか？

そんなこと、考えてもいなかったな。就活っていうよりこれからの人生に関わる問題でもあるんだ。ちょっと考えてみよう。
……と思ったんだけど、なにをどう考えるっていうんだ？

まずね、自分の長所と短所を10ずつ挙げてごらん。

え、え、えっ！ なにそれ。

1st. STEP

すずの長所と短所

【長所】
1. 元気
2. 一生懸命
3. …
4.

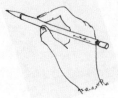

【短所】
1. 気が短い
2. 根気がない
3. 気が利かない
4. 飽きっぽい
5. お金をすぐ使ってしまう
6. 友達が少ない
7. 落ち着きがない
8. 人の話を聞かない
9. すぐ慌てる
10. 悲観的に考えがち

LESSON 1　書く前に自分と向き合う　〜自分の長所と短所を見つける〜

　　──　師匠、長所が書けません。
　　　　短所はいくらでも出てくるんですけど。

　まあ、君たちの年代だとそういうものかもしれないね。でも、自分自身を客観的に見て、自分のリソースがなにかを知ることは重要だからね。

　　──　リソースって？

　資源とか資産って意味だよ。君自身の強みと言ってもいいかもしれないね。ビジネスの世界では結構頻繁に使う言葉だから覚えておくといいかもよ。

ふーん、そんなの私にあるのかなあ。

　　──　で、書けなかったところは、どうすればいいの？

とりあえず、今はこのままでいいよ。また後日、同じものを書いてもらうから。きっと違う結果が出てくると思うよ。

じゃ、きょうはこれでね。　　　と言って、スーッと出ていっちゃった。

――　長所とリソースかあ。なんだかなあ。客観的に自分を見るってなんだろう。やっぱり凹むわ。

やってみよう!

あなたの長所と短所

【長所】
1.
2.
3.
4.
5.
6.
7.
8.
9.
10.

【短所】
1.
2.
3.
4.
5.
6.
7.
8.
9.
10.

ボディーづくりは骨格と肉から
主語と述語の対応

まず初めに、「文」と「文章」の違いってわかるかい？

　　── えー！　同じじゃないの？　え、えっ、何か違いってあるの？

一応、文章を考えていこうというときにこの辺をわけて考えておきたいんだ。

　　── ふーん、そういうもんなのかなあ。

書店のビジネス書コーナーに置いてある文章本を読むと「文章は短く」とか「文は短く」なんて表現がよくあると思うんだ。これって同じことを言っているはずなのに、「文章」と「文」っていう具合に使い方が違うだろ。ここを一度整理しておこう。いろいろなわけ方はあるだろうけど、一応こんな具合にね。

〈**文**〉
・文法学上の基本単位で、一つのまとまった内容を表す。
・末尾に「だ」「ます」などの活用語の終止形や、「か」「かしら」などの終助詞がつく。
・大概、最後に「。」(句点)がつく。

〈**文章**〉
・一つ以上の文が連なった言語作品のこと。

つまり「文」が最小の単位で、それをつないで「文章」をつくるってことになるんだ。

―― はー、こういうのメッチャ苦手。

LESSON 2　ボディーづくりは骨格と肉から　〜主語と述語の対応〜

さて、ここからが本番。次の文を読んでみてくれないかな。

〈例1〉
　このバッグはブランドものなので、
　値段と人気が高く、
　品質とデザインが美しいブランドだ。

どうだい? この文。

　—— どうだいって言われても…。そんなに変な感じはないけどなあ。言いたいことはわかるし。大体いいんじゃないかな。

ほう、なるほどそうかい。それじゃ、この文を分解してみようかね。

　—— 分解? 文って分解できるんだ。

【分解1-1】
　　このバッグは　　〜　　ブランドだ。

これがこの文の本来の骨格。

―― 別に普通じゃない？

そうかい？　ほら、よく見ると…。

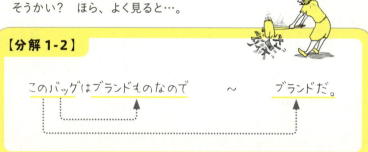

【分解1-2】

このバッグはブランドものなので　　～　　ブランドだ。

　主語の「このバッグは」が「ブランドものなので」と「ブランドだ」の両方に掛かってるだろ。

―― ああホントだね。

だから、骨格がこんな感じに読めちゃうんだな。

【分解1-3】

このバッグはブランドものなので、ブランドだ。

―― ああ、ホントだ。「ブランドものなので、ブランドだ」は、ないよね。確かに、こうやって分解してみると文の骨格がおかしいことがわかるね。

LESSON 2　ボディーづくりは骨格と肉から　〜主語と述語の対応〜

「値段と人気が高く、品質とデザインが美しい」っていう部分が、「ブランドだ」を説明している、いわば肉なんだ。

【分解 2-1】

値段と人気が高く
　　　＝値段が高く ＆ 人気が高く

品質とデザインが美しい
　　　＝品質が美しい ＆ デザインが美しい

これはどうだい？「と」っていうのを「&」で置き換えて「高く」と「美しい」がそれぞれ主語としっかり対応できているかを見たんだ。

　── あれ？「値段が高い」「人気が高い」とは言うけど、これを一緒に並べてもいいのかなって感じ。それに「デザインが美しい」とは言っても「品質が美しい」とは言わないよね。

そうそう、こうやって見ればわかるでしょ。似たような事柄が並ぶと、最後の要素だけに述語を合わせちゃうことが多いんだ。それでうまく主語と述語が対応できないケースが出てくるんだ。

　── 述語って？

<述語>

文の成分の一つ。主語に対して、その動作・作用・性質・状態などを表す語または一番小さな言葉のかたまりのこと。

「値段が高い」の「値段」が主語で、その状態を表している「高い」が述語。「デザインが美しい」の「美しい」も「デザイン」という主語の状態を表している述語なんだよ。

―― それ、ムズすぎ！ ってヤバくないですか。
　　あ！ いや、かなり難しい…。

で、【分解 2-1】をもう一度見てみよう。ブランドものって値段は高いけど、若い女性に人気があるって言うのなら、

【分解 2-2】

値段と人気が高く
　→ 値段は高いが、若い女性に人気がある

品質とデザインが美しい
　→ 品質がよくデザインが美しい

こんな感じにまとめると、一つ一つの関係性がはっきりするんじゃないかな。それじゃ、もう一度全体を見てみようか。

LESSON 2 ボディーづくりは骨格と肉から ～主語と述語の対応～

〈例1〉

このバッグはブランドものなので、
値段と人気が高く、
品質とデザインが美しいブランドだ。

〈改善例1〉

このバッグはブランドものなので、
値段は高いが、若い女性に人気があり、
品質がよくデザインが美しい。

　こんな感じにすると、「ブランドものなので、ブランドだ」という変な骨格も直って、肉の部分も主語と述語の関係がはっきりしたんじゃないかな。

　──　そうだね。でも、なんだかバラバラな感じがするなあ。値段、人気、品質、デザインの順番がいけないのかな。

君が「値段と人気」を並べて「高い」っていうのは、違和感があるって言ってたところだね。値段が高くても若い女性に人気があるっていう要因をはっきりさせれば、解消できるんじゃないかな。

〈 改善例 2 〉

このバッグはブランドものなので値段が高い。しかし品質がよくデザインが美しいので、若い女性に人気がある。

―― わああ！　これならバッチリだ。初めの〈例1〉より数段わかりやすい。面白いねえ。こんなに変わるんだ。

「このバッグはブランドものなので値段が高い」って、まず骨格になる部分を言い切っているだろ。その後に、肉になる「値段が高くても若い女性に人気がある理由」を挙げるんだ。こんなふうに、一つの文のなかにあった骨格と肉の要素を二つにわけたから、わかりやすくなったんだよ。

一つの文には一つの要素

　これを心掛けるだけでじゅうぶん、わかりやすくなるんだ。そうすれば、必然的に文は短くまとまるはず。文章の書き方って本を読むと、理由もなく「文は短くしよう」って書いてあるのが多いでしょ。実は、こういうことなんだよ。

　　—— 文を短くっていうのは、聞いたことがあるけど、そういうことだったんだね。だらだらリポート用紙に何枚も書くなってことかと思ってた。

　それは文と文章を混同してるんだよ。初めに言ったように文は短く、でも文章はある程度長く書かないと言いたいことが通じないだろ。短くて簡潔な文をつないで文章にしていけば、言いたいことをしっかり伝えられるものなんだ。

　　—— 短い文をつないで文章にするのか。初めて聞いたな、そんなこと。

まあ、最初は大変だろうけど、一つ一つ要素を意識しながら書いていくと、だんだん文の構造がわかってくるからさ。だから、最初は面倒でも頭のなかで文を分解する癖をつけておくといいよ。

それじゃ、きょうはこれで。

―― うーん、文って主語と述語の組み合わせなんだ。それを確認しながら書いていくようにしなくちゃ。なるほどなあ。おじさん、店出ていっちゃった。あれあれ、あいさつしそこねちゃった。

すずメモ

・文と文章の違いを意識する。
・主語と述語がしっかりかみ合うようにする。
・そのために、文を分解してみる。

LESSON 2　ボディーづくりは骨格と肉から　〜主語と述語の対応〜

やってみよう！

【問題1】次の文が不自然な理由を挙げてみよう。

> このモデルは背が高くて脚が長くスタイルがいいので顔が小さく、どんな服でもよく似合うモデルだ。

MODEL SUZU

【ヒント】この文を分解してみよう。

このモデルは _____ ので

_____ モデルだ。

> このモデルは 背が高い 脚が長い
> 顔が小さい

【解答例】
① 「このモデルは〜モデルだ」となっている。
② 「背が高くて脚が長くスタイルがいい」が「顔が小さい」ことの根拠になっている。「ので」は「根拠・理由・原因」を表す接続助詞。

【問題2】 左ページの解答例をヒントに、問題1の文を二つにわけてわかりやすい文章に作り替えてみよう。

> このモデルは背が高く脚も長いので
> スタイルが良い すこし顔が小さい
> のでどんな服でもよく似合う

【解答例】
　このモデルは背が高く脚が長いのでスタイルがいい。加えて顔も小さいので、どんな服でもよく似合う。

【 解説 】
　まず背が高いモデルが、なぜスタイルがいいのかをまとめて一つの文にする。「顔が小さい」というのもスタイルのよさの一因だが、背の高さとは直接関係ないので切りわける。
　その次に「どんな服でもよく似合う」という要素でまとめる。

Point
　　主語と述語をしっかり対応させ、一つの文は一つの要素で書く。

LESSON 3
泣きそうなのは誰？
「が」と「は」の違い

歌手の松田聖子って知ってるかい？

　── さすがに知ってるわよ。アナ雪を歌ってた神田沙也加の
　　　お母さんでしょ。それがどうかしたの？

松田聖子の「赤いスイートピー」っていう歌があってね。作詞は松本隆、作曲は呉田軽穂（松任谷由実）。この2番の歌詞に面白いところがあるんだ。

〈例1〉

> 何故 あなたが時計をチラッと見るたび
> 泣きそうな気分になるの？

JASRAC 出 1703426-701

ここで泣きそうな気分になっているのは、誰だかわかるかい？

　── えー、そりゃ「私」でしょ。

なんで？ 私なんてどこにも書いてないし。

―― なんでって…当たり前だからとしか言いようがないなあ。
　それに主語の「私」はなくても通じるでしょ、日本語では。

　確かに日本語は、私とか僕とか英語のようにいちいち一人称の主語を入れなくても通じるからね。でもそれだけでは、答えにならないなあ。
じゃ、これはどうだい？

〈例2〉

何故　あなたは時計をチラッと見るたび

泣きそうな気分になるの？

―― え、え、え？　これは「あなた」でしょ。あれ？　何でだ？

あなた**が**

あなた**は**

LESSON 3 泣きそうなのは誰? 〜「が」と「は」の違い〜

〈例1〉と〈例2〉の違いは「あなたが」と「あなたは」の違いだけだろ。それなのに「泣きそうな気分になる」主語が変わるんだ。

—— ってことは、「が」と「は」の働きが違うってことなのかな。

「が」 → 格助詞。主語にあたるものを示す。
「は」 → 係助詞。主語を示す場合とそうでない場合がある。

「が」は名詞や代名詞などについて主語の役割があることを示すんだ。それに対して「は」は係助詞といって、必ずしも主語を表すものではないんだ。

これについては、また後日詳しく説明するけど、きょうは「が」と「は」が述語にどう関わるかだけを見ていこう。

—— 師匠、めまいがしそうなんですけど。

それほど難しくはないよ。要するに「が」は直後の述語にだけ影響するけど、「は」は直後の述語だけでなく、遠くにある述語にまで影響するってことさ。

—— うん?! 言ってることがまったくわからない。

〈例1〉の場合は、「が」っていう格助詞の働きで、「あなた」っていう主語が「時計をチラッと見るたび」だけに掛かっているんだ。だから「泣きそうな気分」になる主体が、書かれていない「私」にスイッチするんだな。

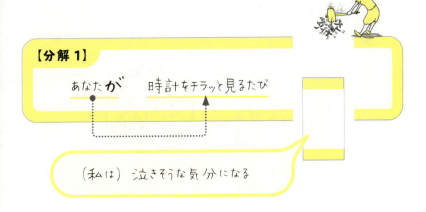

【分解1】

あなた**が**　時計をチラッと見るたび

(私は) 泣きそうな気分になる

—— 「が」って直後の述語にしか影響しないのか……。

〈例2〉の場合は、「は」という係助詞の働きで、「あなた」っていう主語が「時計をチラッと見るたび」と、その後ろにある「泣きそうな気分になる」にまで影響を及ぼすんだ。

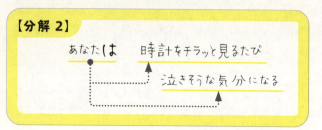

―― なるほどねぇ。〈例2〉の場合はむしろ後ろの方に力点があるように思えるね。知らなかったなあ。

そうだろ。「は」は遠くの述語まで影響することがわかるだろ。
　普段、主語を表す助詞の「が」や「は」の働きを意識することはないんだけれど、間違って使っているケースも多いから、この違いを頭の隅に入れておくようにしよう。

じゃ、これで。

―― あ、行っちゃった。「が」と「は」に違いがあるとは思わなかったなあ。

すずメモ

- 「が」と「は」には違いがある。
- 「が」は直後の述語に、「は」は遠くの述語にも影響する。

LESSON 4
「は」と「が」、それが問題だ
「は」の役割を考える

ちょっとこの文を見てもらおうかな。

――え、なに？

〈例1〉

あの俳優は演技がうまい。

――この文がどうかしたの？

気付かない？ この文には「は」と「が」があるだろ。どっちが主語を表していると思う？

――あれー、どっちだ？ 変だな。「は」も「が」も主語を表すんじゃなかったっけ…。でも「あの俳優はうまい」じゃ意味がわからないし、「演技がうまい」じゃ誰の演技がうまいのかっていう主語がわからないな。

ふふふ、そうだねえ。これは「は」という係助詞の持つ役割のためなんだ。ここでの役割は「提示」だね。

　──　提示？

　そう、判断の主題を提示するってことだね。多くの事柄から、一つのものを取り出して提示するってこと。

> **＜係助詞「は」＞**
> 多くの事柄から、一つのものを取り出して提示する役割がある。

　──　もっと簡単に言ってくれない？　難しすぎてよくわからないよ。

　この場合は、たくさんいる俳優のなかで、ほかの誰でもない「あの俳優」っていう提示だね。〈例1〉の場合は、演技がうまいという判断を示すために「は」が使われているんだよ。

　──　説明を聞いていると、
　　　　肩に力が入っちゃうな。

LESSON 4 「は」と「が」、それが問題だ ～「は」の役割を考える～

　―― そういうことかあ。じゃ〈例1〉の主語は「演技」ってことなの?

　実質的な主語が「演技」で、述語が「うまい」だね。これを、主語を表す格助詞の「が」でつないでいるってことさ。

　―― 少しわかってきた気がする。でも、こういうのって文章を書くときに必要なのかな。何となくわかるじゃない。

　それはどうかな? 役割を知らずに間違って使っている場合も多いんだよ。もう一つ、頭の訓練。

〈例2〉

あの俳優は演技はうまい。

これだとどう?

　――「演技はうまい」だから、歌はへたとか?

そういうこと。俳優の資質として、いろいろあるなかでとりわけ演技はうまい、ということだね。君が言うように歌やダンスはそうでもないと言外にほのめかしているようにも読めるね。

―― 「俳優は」ってあるから、これもたくさんいる「俳優のなかでも」っていう提示なんだよね。

正解！ わかってきたじゃないか。少し話し足りない気がするけど、これから用事があるんで、きょうはこれでね。

―― 足早に行っちゃったよ。

すずメモ

- 「は」は必ずしも主語を表すわけではない。
- 「が」の役割との違いを覚えて使いわける。

LESSON 4 「は」と「が」、それが問題だ ～「は」の役割を考える～

やってみよう！

【問題】次の文で、笑ったのは誰だろう。

① 小百合は笑ったのを見た。

② 小百合が笑ったのを見た。

【ヒント】この文を分解してみよう。

① 小百合は　　○○が　　笑ったのを　　見た。

② ○○は　　小百合が　　笑ったのを　　見た。

44

【解答例】

①は、小百合以外の第三者。②は小百合。

【 解説 】

【ヒント】の分解を参考にしてみよう。①は「小百合は」が「笑った」と「見た」の双方に掛かっていることがわかる。係助詞の「は」は、遠くにある述語にも掛かることを再確認しよう。したがって、笑ったのは小百合以外の第三者。

②は「小百合が」が「笑った」に掛かっている。格助詞の「が」は直近の述語に掛かる。したがって、笑ったのは小百合自身。それを見たのは小百合以外の第三者。

格助詞の「が」と係助詞の「は」の機能を覚えておこう。間違えて使うと、主語が逆転することもあるので要注意。

LESSON 5
「は」「が」ゆい思いがミチてます
――助詞の使いわけを考える――

　このところ「が」と「は」の違いを見てきたんだけど、もう一押ししてみようかね。

　―― またですか？ 少し飽きてきちゃったんだけどなあ。

　まあ、そう言わないで。文は主語と述語の関係が基本中の基本なんだから、ここをしっかり押さえておけば後はスイスイいくからさ。

　次の文が答えになる質問を考えてくれない？

〈例1〉

綾瀬はるか**が**、月9の主役に選ばれた。

　―― えーと、「次の月9の主役は誰だっけ？」

「誰だっけ」っていうのは口語表現だから、一応書き言葉を意識してくれないかな。

—— あ、そうか。「次の月9の主役は誰か」
　　こんな感じでいい？

それじゃ、こんどはこれね。

> 〈例2〉
>
> 綾瀬はるかは、月9の主役に選ばれた。

—— この文が答えになる質問だよね。うーん……。
　　「綾瀬はるかは何のドラマの主役に選ばれたのか」かな？

そういうことだよね。ほら、「が」と「は」の違いで質問が違うだろ。質問が違うってことは、聞きたい・伝えたいポイントが違うってことになるんだ。

—— あれー、ほんとだ。これってどういうこと？

〈例1〉の場合、「月9の主役」が決まったことは既に知っている情報（既知情報）だけど、それが誰かを知りたいってことだろ。つまり「綾瀬はるか」が選ばれたことは、まだ知らない情報（未知情報）ってこと。

つまりこうなるんだ。

未知情報 + **が** + 既知情報
（綾瀬はるか）　　（月9の主役）

同じように〈例2〉を見てごらん。

〈例2 振り返り〉

綾瀬はるかは、月9の主役に選ばれた。

―― この場合は「綾瀬はるかは何のドラマの主役に選ばれたのか」って質問の答えだから、「綾瀬はるか」が既知情報で、「月9の主役に選ばれた」ことが未知情報かな？

そういうこと。つまりこうなるんだな。

既知情報 + **は** + 未知情報
(綾瀬はるか)　　　(月9の主役)

―― へえ、面白いなあ。この図式はどんな文にも当てはまるの？

その前に、もう少し例を見てみようかね。

LESSON 5 「は」「が」ゆい思いがミチてます ～助詞の使いわけを考える～

〈例3〉

「パリ旅行はどうだった？」

会話文だけれど、パリ旅行に行ってきたことは……。

—— 既にわかっている「既知情報」かな？
　　だから旅行の感想を聞いてるんだね。

そうだね。次が〈例3〉の答え。

〈例4〉

「オランジュリー美術館がすごくよかった」

—— パリのオランジュリーに行くまでは、そこがいいってことは
　　わからないわけだから「未知情報」ってことだね。

50

そう。つまり初めの文はこうなるだろう。

<例3>の構造
既知情報 + **は**

── あ、わかった。次の文は、

<例4>の構造
未知情報 + **が**

── ってことだ。つまり既知情報には「は」がついて、未知情報には「が」がつくってことだ！

そういうこと。ついでにもう少し例を挙げておこうかな。

LESSON 5 「は」「が」ゆい思いがミチてます　〜助詞の使いわけを考える〜

次の会話からは、微妙な関係が見えてくるんじゃないかな。

〈例5〉

タケル君が ユミの新しいカレシなんだって。

〈例6〉

タケル君は ユミの新しいカレシなんだって。

〈例5〉の場合は、ユミにカレシができたことは知っていて（既知情報）、それがタケル君だったってこと（未知情報）を伝える文。

―― ああ、わかる。カレシができてもどんな人か言わないんだよね。あの人が? なんてビックリしたりして。

　<例6>は、みんなのあこがれのタケル君（既知情報）が、実はユミのカレシだったこと（未知情報）を知って、エーッ! ってなるんだ。ああ、よくあるパターン。いやだ、いやだ。

まあ、そうすねないでさ。未知情報の後には「が」、既知情報の後には「は」がつくってこと。

―― なるほど。「が」と「は」の違いは、心理的なものも映し出すってことだね。

そういうこと。じゃ、きょうはこれで帰るよ。

―― スキップして帰っていっちゃった。

すずメモ

- 未知情報の後には「が」がつき、
- 既知情報の後には「は」がつく。

LESSON 5 「は」「が」ゆい思いがミチてます　～助詞の使いわけを考える～

やってみよう！

【問題】次の文が答えになる質問を作ってみよう。

① 花子が、A出版社から内定をもらった。

② 花子は、A出版社から内定をもらった。

【ヒント】「花子」と「A出版社から内定をもらった」のどちらが、既に知っている情報（既知情報）で、まだ知らない情報（未知情報）なのかを考えてみよう。

　　未知情報　　+　**が**　+　　既知情報

　　既知情報　　+　**は**　+　　未知情報

【解答例】
① A出版社から内定をもらったのは誰か。
② 花子はどこの会社（出版社）から内定をもらったのか。

【 解説 】
①は「誰かがA出版社から内定をもらった」という情報を既に知っている場合の質問。
「A出版社から内定をもらったのは誰か」の質問に対して「花子が、A出版社から内定をもらった」という答えになる。
「花子＝未知情報」＋ が ＋「A出版社から内定をもらった＝既知情報」

同じ質問に対して「A出版社から内定をもらったのは、花子だ」と答えることもできる。
この場合も、
「A出版社から内定をもらった＝既知情報」＋ は ＋「花子だ＝未知情報」
という構図になる。

②は「花子が就活をしている」という情報を既に知っている場合の質問。「花子はどこの会社（出版社）から内定をもらったのか」という質問に対して「花子は、A出版社から内定をもらった」という答えになる。
「花子＝既知情報」＋ は ＋「A出版社から内定をもらった＝未知情報」
という構図になる。

未知情報には「が」、既知情報には「は」がつくことを覚えておこう。

LESSON 6
やっぱりマッチングってあるでしょ
副詞の係り受けを考える

　ここまで主語と述語の対応から、「は」と「が」の違いを見てきただろ。少し視点は違うんだけど、文にはある程度決まった係り受けっていうのがあるんだ。それを無視するとギクシャクした文になってしまうんだ。

　── 係り受けって？

うん。たとえばこんな例はどうかな。

〈例1〉
① その話は、全然楽しい。

② 必ずしもみんなが楽しめるイベントだ。

③ 彼の言うことは、まったくわかる。

④ 決して笑える話だ。

どうだい？　何か変なところはないかい？

―― えー？　どこかおかしいの？　フリーに使ってるけど。
てか、「必ずしも」なんて言葉は使ったことないし。

そんなもんかねえ。実は、この四つは通常、否定の形で使うものなんだよ。こんなふうにね。

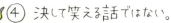

〈改善例１〉

① その話は、全然楽しめない。

② 必ずしもみんなが楽しめないイベントだ。

③ 彼の言うことは、まったくわからない。

④ 決して笑える話ではない。

LESSON 6 やっぱりマッチングってあるでしょ　〜副詞の係り受けを考える〜

全然	〜ない
必ずしも	〜ない
まったく	〜ない
決して	〜ない

} 否定形で受ける副詞

ここに挙げたのは、通常、否定形で受ける副詞なんだ。

―― 副詞？

　そう。動詞などを修飾する役割がある品詞のこと。だから動詞との関係が密接なんだ。最近、話し言葉では君の言うように、肯定の形で使うことも増えてきているとは思うけど、会社の文書でこういう表現をしたら、まず注意されるだろうね。

　―― えー！　そうなの？　かなりヤバいなあ。「全然平気」なんてフツーに使ってるよ。

　会社の企画書や稟議書は、オフィシャルなものだからね。いまみたいな「ヤバい」なんて言葉も会議では使えないだろ。友達同士の会話のなかで使う分にはいいだろうけど、社会人としては、考えものだね。

—— つい口癖で出ちゃうし、文章書くときにも使っちゃうだろうな…。

これはどうだい?

〈例2〉
① まさか、彼と付き合うことはない。
② おそらく、彼女にはカレシがいる。
③ いくらなんでも、これ以上面白いことがある。
④ もしかしたら、カギは家に忘れた。
⑤ もしや、この本は彼のものだ。

—— こういう言い方するよ。①とか②なんかフツーじゃないかな。みんな使ってると思う。⑤の「もしや」なんて死語でしょ。そんな言葉、使わないよ〜。

LESSON 6 やっぱりマッチングってあるでしょ 〜副詞の係り受けを考える〜

　なるほどねえ。「もしや」は死語かあ。ここに並べたのは、推量・疑問を伴う副詞なんだ。

〈改善例 2〉

① まさか、彼と付き合うことはないだろう。
② おそらく、彼女にはカレシがいるに違いない。
③ いくらなんでも、これ以上面白いことがあるはずがない。
④ もしかしたら、カギは家に忘れたのかもしれない。
⑤ もしや、この本は彼のものではないだろうか。

まさか	〜だろう
おそらく	〜違いない
いくらなんでも	〜はずがない
もしかしたら	〜かもしれない
もしや	〜ではないだろうか

｝推量・疑問で受ける副詞

こんなふうに「だろう」「違いない」「はずがない」「かもしれない」という推量や、「ではないだろうか」っていう疑問の形で受けるんだ。会話の場合は、あまり違和感がなくなっているかもしれないね。

　　　—— 文にするとまどろっこしいね。いちいち最後まで書かなきゃ
　　　　　いけないなんてさ。

　そこが会話と違うところだよ。会話だとその場の雰囲気や顔の表情、身ぶり手ぶりで伝わることも多いからね。文章にする場合は、書き手と読み手が共通体験を持たないわけだから、最後までしっかり伝えないと誤解されてしまうだろ。

　　　—— そうだねぇ。確かにそれは言えるかもしれない。

LESSON 6 やっぱりマッチングってあるでしょ 〜副詞の係り受けを考える〜

　こういうところにまで、気をつけて文を書けるようになると、一人前って言われるんだ。ま、早く一人前になってちょうだいね。
　きょうは、これで帰るとするかな。

　── ハーイ。それにしても細かいんだね、日本語って。だからいろいろな表現ができるのかもしれないけどさ。
　あれ、もういない。人がしゃべってるのに、サッサと帰るっていうのは、一人前とは言わないんじゃないのかなあ!?
　文にも決まった型があるっていうのは、了解っす。

すずメモ

・「決して〜ない」「全然〜ない」など、
　否定の形で受けなければならない副詞がある。
・「まさか〜だろう」「もしや〜ではないだろうか」
　など、否定の推量や疑問で表現しなくてはいけない副詞もある。
・副詞は動詞などを修飾する品詞のこと！

やってみよう！

【問題】次の文章の副詞に注目して、自然な形に直してみよう。

　おそらくこれが終電だと思い、急いで飛び乗った。しかし、行き先とは逆方向の電車に乗ってしまったらしい。酔っていたとはいえ、決して笑える話だ。もしかしたら反対方向の電車があるので、次の駅で降りることにした。すると降り際に、座っていたおじさんから「もしや、この傘はあなたのですね」と声をかけられたが、いくらなんでもそんな派手な柄の傘はもっているので「違います」と答え、ホームに降りた。
　まさかここまで運の悪いこともあると驚いたのだが、上り方向の電車は既に終了していた。こんなこともあるのだな、と全然笑えた。

【ヒント】否定を伴う副詞や、推量・疑問を伴う副詞に注目しよう。

LESSON 6　やっぱりマッチングってあるでしょ　〜副詞の係り受けを考える〜

【解答例】

　おそらくこれが終電だろうと思い、急いで飛び乗った。しかし、行き先とは逆方向の電車に乗ってしまったらしい。酔っていたとはいえ、決して笑えない話だ。もしかしたら反対方向の電車があるかもしれないので、次の駅で降りることにした。すると降り際に、座っていたおじさんから「もしや、この傘はあなたのではないですか」と声をかけられたが、いくらなんでもそんな派手な柄の傘はもっていないので「違います」と答え、ホームに降りた。
　まさかここまで運の悪いこともないだろうと驚いたのだが、上り方向の電車は既に終了していた。こんなこともあるのだな、と笑ってしまった。

【解説】

「おそらく〜だろう」「決して〜ない」「もしかしたら〜かもしれない」「もしや〜ではないか」「いくらなんでも〜ない」「まさか〜だろう」という具合に、推量や否定、疑問を伴うべき部分をうまく対応させる。

　最後の「こんなこともあるのだな、と全然笑えた」は「全然笑えない」という形にするところだが、あまりにも不運続きであることを嘲笑的に「笑ってしまった」と作り替えることもできる。

Point　副詞は動詞などを修飾する品詞。決まった係り受けをするものは、しっかり対応させよう。

2nd. STEP
文章を書く基本！
文と文章の構造を考える

中級だよ

LESSON 7	距離感は大切でしょ！
LESSON 8	しつこいと嫌われる
LESSON 9	あれこれ言っても伝わらない
LESSON 10	つなぎは少なめが美味
LESSON 11	視点をずらすと世界が変わる
LESSON 12	生きた化石は生きている
LESSON 13	テンでバラバラにならないように

距離感は大切でしょ!
こそあど言葉

「こそあど言葉」っていうのを聞いたことがあるかい?

―― 聞いたことはあるけど…。なんだっけ?

そっか、知らないか!
よし! きょうは、これでいってみよー!

こそあどっていうのは、指示語のことなんだ。こんなのがあるんだ。

これ、それ、あれ、どれ ……(代名詞)

ここ、そこ、あそこ、どこ ……(指示代名詞)

こんな、そんな、あんな、どんな ……(形容動詞)

この、その、あの、どの ……(連体詞)

こう、そう、ああ、どう ……(副詞)

―― わああ、また文法?! 代名詞とか連体詞ってなに?

文法用語はこの際わきにおいてもいいから、役割を見てみよう。
まず、ここに並べた語の特徴は何だかわかるかい?

―― 語の特徴? ああ、頭文字が「こそあど」だ。
　　だから「こそあど言葉」ねえ。じゃ、「こっち、そっち、
　　あっち、どっち」も同じ仲間?

そういうこと。それも指示代名詞だね。
「こそあど」の特徴のひとつは、距離を表すってことなんだ。

―― うん? 距離?

LESSON 7　距離感は大切でしょ！　〜　こそあど言葉　〜

あの

この

〈例1〉

「このネックレスを買うなら、あのスカーフの方が
コスパがいいんじゃないかな」

——「え？ どのスカーフ？」

「ほら、あのマネキンがつけてるグリーンのスカーフ」

どうだい？ 距離感が出ているだろ。

——「この」が手前、「あの」は少し遠くだね。

「どの」は、方向を探っているだろ。

——おお、面白いなあ。これは「こそあど」に共通しているの？

そういうこと。ただ、これは心理的距離にもよるから、実際の距離とは食い違うこともあるんだ。

——どういうこと？

〈例2〉

母「すず、肩もんでくれない」
娘「いいよ。どこ?」
母「ここ」
娘「どう? ここ?」
母「うん、そこそこ」

こんな会話もあるんじゃないかな。

—— ああ、同じ場所なのにね。

うん。母が「ここ」って言っているときは、自分でこっているところを触りながら示しているのかもしれないね。だから自分からの距離が近いだろ。娘が「ここ?」って聞いたときは、母は自分の手を離しているから「そこそこ」って答えてるんだ。

—— そっかあ。同じ肩こりの場所でも自分が押さえる場合と、娘が押さえる場合の心理的距離の違いだね。

うまくまとめてくれてありがとう。そういうことだね。ほかにも「こそあど」は単に場所だけを指すものではなくて、それまで話していた内容を受けるときにも使われるんだよ。

LESSON 7 距離感は大切でしょ! 〜 こそあど言葉 〜

> 〈例3〉
>
> 　行きすぎた長時間労働が、日本企業の課題になっている。
> 　こうした現状を受けて、国会でも是正すべきだとの議論が起こっている。

少し硬い内容だけど、新聞なんかでもよく見かける文章だろ。

　——「こうした」も、「こそあど」なんだ。いろいろ使い道が
　　　あるんだね。

そうなんだ。だからこれをうまく使うと、同じことを繰り返し書かなくてもいいんだよ。〈例3〉を「こそあど」を使わずに書くとこうなるんだ。

> 〈例4〉
>
> 　行きすぎた長時間労働が、日本企業の課題になっている。
> 　長時間労働の現状を受けて、国会でも是正すべきだとの議論が起こっている。

これだと「長時間労働」って言葉が、2回も使われてしつこいだろ。

 —— そうだね。確かにじゃまくさいね。

実は、こういう文章を書いてしまうことが多いんだ。「こそあど」をうまく使って文をコンパクトにすることも心掛けてほしいな。文法的な話はこの辺で打ち止めにして、次からは、わかりやすい文章につなげていく話をしようかね。じゃ、また。

 —— あれ？ おじさん背が高くなったなと
  思ったらロンドンブーツはいてたんだ。
  ってか今どき売ってる？

すずメモ

・「こそあど」で、距離感を表せる。

・うまく使うと、繰り返しが避けられる。

LESSON 7 距離感は大切でしょ！ 〜 こそあど言葉 〜

やってみよう！

【問題】次の文の空欄にふさわしいと思う副詞「こう」または
「そう」を入れてみよう。

① 「毎日続けていれば、お肌はぷるぷるになりますよ」
デパートの美容部員は 　　　　　　　　 言って化粧水と
保湿クリームを薦めた。

② デパートの美容部員は 　　　　　　　　 言って化粧水と
保湿クリームを薦めた。
「毎日続けていれば、お肌はぷるぷるになりますよ」

【解答】
① 「こう」あるいは「そう」
② 「こう」

【 解説 】

①は「こう」「そう」のどちらも使うことができる。

美容部員の発言を「こう言って」と受けて、直前の話を引き継ぎまとめる。また、「お肌はぷるぷるになりますよ」と言った美容部員の話を「そう言って」という形で受け、それに続く行動につなげることもできる。「そう言って」の方が、心理的距離が生まれる。

②の場合は「こう」で受けることはできるが、「そう」とすることはできない。

「そう」には、相手に関わる事態や相手が発言した事態を表す役割がある。したがって発言内容が先にないと、それを受けることができない。一方「こう」には、話し手が事態を自分の立場から現実的、限定的にとらえてそれを指示する役目がある。したがって発言内容を直後に移動させても、事態を指示することができる。

Point

「こそあど言葉」をうまく使って距離感を表したり、発言内容を受けたりすることができる。その際にも、物理的・心理的な距離が影響することを押さえておこう。

LESSON 8
しつこいと嫌われる
同じ表現を繰り返さない

これまでは、文法みたいな話が多かったから、ここからはわかりやすい文章を書くためのトレーニングをしようかね。

　—— えー、どっちかって言うと感動的な文章を書きたいんだけどなあ。

これこれ、それは先の話。それに、エントリーシートや企画書に感動はいらないからね。わかりやすくて誤解のない文章が一番なの!

　—— はーい。

よろしい。それではいってみよー!

なんでえ、そんなこと
わかってるっちゅうの。

　—— まだだ! ついていけない……。

次の文章を読んでくれないかい。

〈例1〉

彼女とは高校時代からの友人だ。女の私から見ても彼女の瞳は魅力的だ。彼女の瞳はいつもクリクリと興味深げに動き、愛くるしい。私も彼女のような瞳の持ち主だったら、と少しうらやましく思う。

どうかな?

—— これって、結局嫉妬じゃない?
　　もっと自信を持たないとさ……。

いやいや、そこじゃないから。文章だよ、文章。

—— あ、そうだった。「女の私から見ても」って余分じゃない?
　　だって「彼女の瞳」が魅力的だってことがわかればいいんだから。

なるほど。それも一つのポイントだね。しかし、あえて「女の私から見ても」って書くっていうことは、「男性から見ればさらに魅力的に思えるんだろう」という暗黙の比較があるとも考えられるだろ。

LESSON 8 しつこいと嫌われる 〜同じ表現を繰り返さない〜

―― そっかあ。うーん。ほかには特にないんじゃないかな。

一文一文は問題ないんだけど、文章の形になったときに何回も同じような表現を使ってしまうことがあるんだ。これを整理するとすっきりするんだよ。

―― 〈例1〉で言うと、「彼女の瞳」「彼女のような瞳」かな。
　　　四つの文のなかに3回出てくるね。

そうだろ。何度も同じことを続けて書かなくてもわかるからね。

―― それじゃ、これをどうすればいいの？

〈改善例1〉
彼女とは高校時代からの友人だ。
女の私から見ても彼女の瞳は魅力的だ。
いつもクリクリと興味深げに動き、愛くるしい。
私も彼女のような瞳の持ち主だったら、と少し
うらやましく思う。

三つめの文から「彼女の瞳」という言葉を取り除いてみたんだけど、どうだろう。

―― うん、少しすっきりしたかな。でも「魅力的だ」というのと「愛くるしい」も似たような言葉だよね。

お、さすが。そこも手を入れてみようかね。

〈改善例 2 〉

彼女とは高校時代からの友人だ。いつもクリクリと興味深げに動く彼女の瞳は、女の私から見ても愛くるしい。私もそんな魅力的な瞳の持ち主だったら、と少しうらやましく思う。

「いつもクリクリと興味深げに動く」が「彼女の瞳」を修飾する形にするんだ。それを受けて「そんな魅力的な～」とすると、違和感はなくなるだろ。

―― すごーい！ 師匠、使っている言葉はあまり変わらないのに、立体的な表現になったような気がする。

サンキュウ、サンキュウ！ 同じような表現を何回も使うと平板な感じになるんだな。だから「ちょっと工夫でこのうまさ」なんてね。

LESSON 8 　しつこいと嫌われる　〜同じ表現を繰り返さない〜

じゃ、きょうはこれでね。バイチャ！

　——　ちょっと工夫とか、バイチャ！ってなに？　いつ頃のギャグなの？
　同じような表現を繰り返さない、か。テイクノートしとこ。

すずメモ

・同じような表現を繰り返すと、文章が平板になる。

やってみよう!

【問題】次の文章を簡潔に書き直してみよう。

> 趣味を大切にすることはとても大事なことだ。仕事以外のことを一生懸命することは、精神をいやすことにもなる。このことで、また仕事も一生懸命できるようになることは、とてもいいことだと思う。

【ヒント】
同じような言葉を何度も使うと平板な文章になり、読み手に稚拙な感じを与えてしまいます。

趣味を<u>大切にすること</u>はとても<u>大事な</u><u>こと</u>だ。仕事以外の<u>こと</u>を一生懸命<u>すること</u>は、精神をいやす<u>こと</u>にもなる。この<u>こと</u>で、また仕事も一生懸命できるようになる<u>こと</u>は、とてもいい<u>こと</u>だと思う。

LESSON 8　しつこいと嫌われる　〜 同じ表現を繰り返さない 〜

【解答例】
　趣味を大切にすることはとても素晴らしい。仕事以外のことに打ち込むと、精神的に満たされる。これによって、仕事にも人生にも充実感が生まれるようになる。

【 解説 】
　問題文には「〜こと」が8カ所もあるので、まずこれを整理しよう。書き出しの文に「大切にすることは〜大事なことだ」と、ほぼ同じ表現をしているので、「趣味を大切にすることはとても素晴らしい」とする。
　次の「仕事以外のことを一生懸命することは、精神をいやすことにもなる」は、「仕事以外のことを一生懸命すること」を「仕事以外のことに打ち込む」と言う具合に、表現を変える。「精神をいやすことにもなる」は「精神的に満たされる」とする。「いやされる」という言葉も使い古された感じがするので、普通の言い回しにする。
　そしてこれ全体を受ける形で「これによって、仕事にも人生にも充実感が生まれるようになる」という具合に締める。「このことで、また仕事も一生懸命できるようになる」という部分は、仕事と人生を対比させると、趣味の効能がわかりやすくなる。

 Point
　できるだけコンパクトにまとめることを心掛けよう。同じ言葉、似たような表現を繰り返さないように注意する。強調したい部分はその対極と対比させると、より明確になることも覚えておこう。

同じ意味の言葉を繰り返さないよう、慣用表現にも注意しよう。

✗ 悪い例	○ 良い例
違和感を感じる	違和感を持つ、違和感がある
不快感を感じる	不快感がある
あらかじめ予告する	予告する（「あらかじめ」を漢字で書くと「予め」）
まず先に、あいさつをしよう	まず、あいさつをしよう（「まず」を漢字で書くと「先ず」）
従来からの方法	従来の方法（「従来」は、以前から今までの意味）
製造メーカー	メーカー、製造会社
昨夜来の雨	夜来の雨（「夜来」は、昨夜以来の意味）
満天の星空	満天の星（「天」は空の意味）
満面の笑顔	満面の笑み（「面」は顔の意味）
飛行機の離発着	飛行機の発着、離着陸（「離」と「発」は、同じ意味）

LESSON 9
あれこれ言っても伝わらない
言葉を整理する

　この前、同じような表現を何度も繰り返さない方が、すっきりするって言ったろ。

　── うん。あれはなかなか面白かったね。またその続き？

　まんまじゃないけど、言葉を整理するってことも覚えておいた方がいいと思ってね。

　── 言葉の整理って、何ですか？

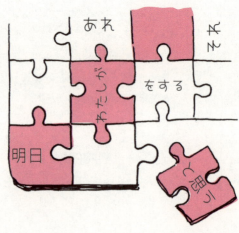

〈例1〉

　会社の帰りに最近できたハンバーガーショップに行った。バーガーショップでハンバーガーとコーンスープとコールスローを頼んで支払いをして、出店した。

　翌日、財布がないことに気づいた。慌ててバーガーショップに電話をしたら、店で預かってくれていた。

　この間一日、店頭に寄って財布を返してもらった。

これを読んでどう思う?

―― まあ、気持ちはわかるけど、何となくおかしくない?
　　出店ってお店を出ることじゃなくて店を出すことじゃないかな。
　　ほかのところも何となく妙な感じ。

お、少しずつわかってきたようだね。

LESSON 9 あれこれ言っても伝わらない 〜言葉を整理する〜

　最初の文はこれでいいよね。次は何を買ったかだけがあればわかるところだろ。「ハンバーガーショップ」「バーガーショップ」なんて、同じ意味の言葉が何度も出てくるからそれも整理したいね。
　それに、君が指摘したように「出店」の意味が違うね。

　　──「この間一日、店頭に寄って財布を返してもらった」も、
　　　すっきりしてないね。

　そうだね。一日経っても財布がなくならず返ってきた、という驚きを言いたかったのかもしれないけどね。これを次のようにしてみようか。

〈改善例〉

　会社の帰りに最近できたハンバーガーショップに行き、ハンバーガーとコーンスープ、コールスローを買った。
　翌日、財布がないことに気づき、店に電話をすると、預かっていると言うので、受け取りに行った。

── わー、随分短くなったね。

　そうだね〈例1〉が140字、それを手直しした〈改善例〉は95字。最初の文で新しくできたハンバーガーショップに行って何を買ったのかまでを一気に書いておく。そして翌日の話につなげば、時系列がはっきりするだろ。
〈例1〉の「この間一日」は、その前の文に「翌日」って書いてあるので、必要ないよね。
「ハンバーガーショップ」は「店」で言い換えて、繰り返しを避ける。財布は店が預かっていることがわかっているので、「受け取りに行った」とすっきりさせればいいだろ。

　── なるほどねぇ。時系列に沿ってまとめると、整理できるんだ。

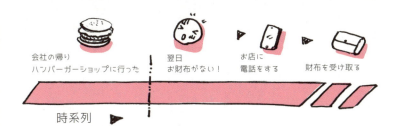

会社の帰り
ハンバーガーショップに行った

翌日
お財布がない！

お店に
電話をする

財布を受け取る

時系列 ▶

LESSON 9 あれこれ言っても伝わらない 〜言葉を整理する〜

 そういうこと。丁寧に書くことと、何度も同じことを書くことは別だからね。
 ま、きょうは早いけど、ここまでにしておこうかな。違いを味わっておいてね。

―― スーッと消えたね。〈例1〉の文章を笑えないんだなあ。だって、言いたいことを書こうとすると、あれこれ書いちゃうんだよね。おじさんの指摘があればわかるんだろうけど、一人じゃなかなかわからないよね。言葉を整理する、を意識しておこう。

すずメモ

・丁寧に書くことと、何度も同じことを書くことは違う。
・読む人にわかりやすく言葉を整理する。

やってみよう！

【問題1】次の文章を簡潔に書き直してみよう。

> 小学生のとき、かけ算の九九が覚えられず、いまも思い出の一つだ。毎日、泣きながら学校に残されているうちに何とか覚えられたのが、よい思い出になっている。

【ヒント】分解してみよう。思い出はどっち？

小学生のときに、かけ算の九九が覚えられず、いまも思い出の一つだ。

残されて何をしたのだろう？

毎日、泣きながら学校に残されているうちに何とか覚えられたのが、よい思い出になっている。

LESSON 9 あれこれ言っても伝わらない 〜 言葉を整理する 〜

【解答例】

　小学生のとき、かけ算の九九が覚えられなかった。毎日学校に残って、泣きながら九九を繰り返し唱えているうちに何とか覚えられた。
　今となっては懐かしい思い出だ。

【解説】

「思い出」が二度出てくる。まず、「小学生のとき、かけ算の九九が覚えられなかった」という骨格の部分を押さえる。その後で、「泣きながら学校に残されているうちに」どうして九九を覚えられたのかを丁寧に説明する。そして、この話にまつわる思い出は「今となっては懐かしい」とまとめる。

Point

　とかく、頭に浮かんだことをそのまま書き出してしまいがちだ。頭に浮かぶ情景を時系列に沿って振り返ると、筋道が見えてくる。そのうえで本筋になる部分から書き出すとスムーズに文章が書ける、ということを意識しておこう。

【問題2】言葉を整理して、次の文章をわかりやすく直してみよう。

> 遠い空に群青の雲が、オレンジ色の朝焼けの東に出ている。ベランダの手すりにヒヨドリが来て行ったり来たりしている。朝焼けを映していた窓にポツポツ雨が降る。

【ヒント】分解してみよう。雲はどこにある？

遠い空に群青の雲が、オレンジ色の 朝焼けの東に出ている。 あれ？
群青の雲はどこに？

ベランダの手すりにヒヨドリが来て 行ったり来たりしている。 あれ？
どこを行ったり来たり？

朝焼けを映していた窓に ポツポツ雨が降る。 あれ？
窓に雨が降る？

LESSON 9 あれこれ言っても伝わらない ～ 言葉を整理する ～

【解答例】
　オレンジ色に輝き始めた東の空に、群青の雲が浮かぶ。ベランダにヒヨドリが来て、手すりを行ったり来たりしている。朝焼けを映していた窓にポツポツ雨が当たる。

【 解説 】

「遠い空に群青の雲が、オレンジ色の朝焼けの東に出ている」
「群青の雲」が「東に出ている」という構図だ。間に「オレンジ色の朝焼けの」という修飾句があるので、つながりにくさを感じる。また「群青の雲」ということは、完全に日が昇った時間ではない。そこで「オレンジ色に輝き始めた東の空」として、明け方の様子を表現した。

「ベランダの手すりにヒヨドリが来て行ったり来たりしている」
　ヒヨドリが行ったり来たりしている場所がどこなのかが、いま一つはっきりしない。大きな場面を捉えて、そこから小さな部分を書くと、読み手の理解を助けることができる。

「朝焼けを映していた窓にポツポツ雨が降る」
「窓にポツポツ雨が降る」を「窓にポツポツ雨が当たる」とした。窓に降っているわけではなく、降っている雨粒が窓に当たるのだ。

Point

　文章はある程度、論理的に伝えなくてはならない。「言いたいことはわかるんだが」という文章は読み手のストレスになる。何がどうしているのか、何が何を修飾しているのかなど、主語と述語の関係、係り受けの関係などを丁寧に押さえていくことが大切だ。

LESSON 10

つなぎは少なめが美味
「だが」「ので」はできるだけ使わない

—— 文章は短い方がいいって言うじゃない？ これはなぜなの？

LESSON2で言ったけど、ここでは文と文章はわけて考えようね。一つの文は短くした方がいいけど、文をいくつか連ねて作る文章は短ければいいってことでもないんだよ。

伝えたいことを書くにはある程度の長さは必要だからね。

—— ああ、忘れてた。文と文章の違い。でもなんで文は短い方がいいの？

これまでも見てきたように、文は主語と述語の関係が明確になっている方がわかりやすいんだ。だから、いろいろな要素が混ざり込むとこの関係が見えづらくなってくるんだな。

—— ふーむ。いつも思うんだけど、それってすごく難しいじゃない。もう少し簡単にできるようにならないかな。

なんて横着な。しかし、一つ確実なやり方があるんだ。それを伝授しようかね。

LESSON 10　つなぎは少なめが美味　〜「だが」「ので」はできるだけ使わない〜

〈例1〉

犬を飼っているのだがとても可愛いので、友達から猫を飼わないかと言われてもその気にはならない。

〈例1〉を分解してみてくれないかい。

　――　分解？

そう。これは一つの文だけど、要素をわけてごらん。

　――　まず「犬を飼っている」でしょ。それから「とても可愛い」ときて、「友達から猫を飼わないかと言われてもその気にはならない」かな。

OK！ いいじゃない。で、「とても可愛い」っていうのは「犬を飼っている」とどういう関係にある？

　――　関係かあ。飼っている犬だから、可愛いんじゃない？

そうだね。そこで問題になるのが、〈例1〉の「飼っているのだが」の「だが」なんだよ。

　――　どうして？ よく使うじゃない。

「だが」を使った例文をもう一つ見てみよう。

〈例 2〉

甘いものを食べすぎない方がいいのはわかっているのだが、おやつをやめられない。

〈例2〉の「だが」は、「甘いものを食べすぎてはいけない」という思いと裏腹に「おやつをやめられない」って話だね。だからここの「だが」は逆の意味を示す逆接の接続詞なんだ。

でも〈例1〉の場合は、君の言うように「飼っている犬だからとても可愛い」ってことだろ。つまりこの「だが」は順接なんだ。

—— 順接じゃいけないの？

〈例1〉の「だが」には、単に文と文をつなぐ役割しかないってこと。

—— 文と文って？ 全体で一つの文でしょ。

つまり、「犬を飼っているのだがとても可愛い」は、二つの文に 分解できるってことさ。

LESSON 10　つなぎは少なめが美味　〜「だが」「ので」はできるだけ使わない〜

【分解1】

> 犬を飼っている。とても可愛い。

── あれ、ホントだ。

二つの文が同じ方向の意識だっていうのが、わかるかな。

【分解2】

> 甘いものを食べすぎない方がいいのはわかっている。おやつをやめられない。

── あ、これだと後ろの文との間に何か言葉を入れたい感じだね。この場合は、二つの文が反対を向いてる感じだね。

そう。ここは「だが」が、逆接の意味として機能しているからなのさ。

── おお！　そうかあ。

そういうこと。つなぎの「だが」とか「ので」を外せば、かなりシンプルになるはずだよ。
〈例1〉をわかりやすく整えてみようかね。

> 〈改善例1〉
> 可愛い犬を飼っている。だから友達から猫を飼わないかと言われてもその気にはならない。

　こんな感じに文をわけるとすっきりするだろ。

　――「可愛い犬を飼っている」って、言い切っちゃえばいいんだ。
　　　確かにすっきりしたね。

　二つめの文には、「だから」っていう理由を表す接続詞をつければ、意味もはっきりするだろ。
　こういうふうにしていけば、シンプルになるしわかりやすい。結果として文は短くなるっていうことなのさ。

　――ああ、文を短くするのが目的ではなくて、わかりやすい文
　　　にすれば必然的に短くなるってことかもね。

LESSON 10　つなぎは少なめが美味 〜「だが」「ので」はできるだけ使わない〜

だいぶわかってきたねえ。
このほかにも「が」「けど」なんていう言葉も同じような使われ方をするので注意すべし。

じゃ、ワインを買いにいくんで失礼するよ。

―― ワイン？　昼から飲むのかなあ。ま、いいか。それにしてもいいことに気づいちゃったなあ。わかりやすい文にすれば、文は必然的に短くなるってことにさ。少し賢くなってきたかな。

すずメモ

・つなぎの意味しかない「だが」「ので」「が」「けど」が出てきたら文を二つにわけてみる。
・そうすれば、必然的に文は短くなる。

やってみよう！

【問題】次の文をわかりやすく二つにわけてみよう。

> 商店街の抽選で当たった朝顔の種をまいたのだが、毎日の水やりが楽しみなのだけど、仕事が忙しいのでしっかり枯れないようにしたいと思って水やりをしている。

【ヒント】文の要素を分析してみよう。

①商店街の抽選で朝顔の種が当たった。
②朝顔の種をまいた（のだが）
③毎日の水やりが楽しみ（なのだけど）
④仕事が忙しい（ので）
⑤枯れないようにしたいと思って水やりをしている。

これを整理して、二つの文にわける。

LESSON 10　つなぎは少なめが美味　〜「だが」「ので」はできるだけ使わない〜

【解答例】

　商店街の抽選で当たった朝顔の種をまいた。仕事は忙しいが、枯れないように毎日の水やりを楽しみたい。

【 解説 】

　〈ヒント〉で見たように、②③④の後ろに「〜のだが」「〜なのだけど」「〜ので」という接続助詞がついている。しかし、ここでは単に次の文へのつなぎの役目しか持っていない。

　そこで、①と②を一つにまとめる。次に、③〜⑤のうち、④の「仕事が忙しい」という内容がほかとは異なっているので、これと「枯れないように」「水やりを楽しむ」を対比させて文を構成する。「仕事は忙しいが」を逆接にして提示し、「枯れないように毎日の水やりを　楽しみたい」という対比を作る。

Point

　文章を構成する要素を書き出して、内容を整理する。その際、つなぎの「が」「ので」「だが」などを使わないようにする。つなぎの言葉が入ると一文が長くなり、主語と述語の対応が難しくなるからだ。ここにも「一つの文には一つの要素」が、生きている。

LESSON 11
視点をずらすと世界が変わる
能動態と受動態を使いこなす

文には能動態と受動態っていうのがあるんだけど、わかるかな？

―― 英語で習ったことがあったな。

日本語にも当然あってね。その役割を見てみようと思うんだ。

〈例1〉

デートの待ち合わせに遅れたので、百合子は
カレシに怒られた。

―― 女の子は支度に時間がかかるのよ。少し遅れたくらいで
　　怒るような男なんて小さい小さい。そりゃ百合子さんは
　　可哀想だわ。

いや、だからそこじゃないからね。もう一つ見てみようか。

〈例2〉

デートの待ち合わせに遅れたので、カレシは
百合子を怒った。

―― うん？〈例1〉も〈例2〉も言ってることは同じじゃない？

　そう。百合子が遅刻し、それが原因でカレシが怒ったという状況は同じだよね。それじゃ、どうして書き方が変わるんだろう。

―― えーっと。「百合子は」と「カレシは」っていう書き方の違いだよね。

　そういうこと。書き手がどっちに視点をおいているかっていうことだよね。〈例1〉は百合子の視点で、〈例2〉はカレシの視点で書かれているってことなんだ。

―― 書き手の視点で書き方が変わるってことなんだ！

　そう。〈例2〉は能動態。これは、行動を起こした主体を主語にする書き方なんだ。怒ったという行動を起こした主体がカレシだろ。だからカレシが主語になってるんだ。

―― 〈例1〉は百合子が主語だから受動態ってことだね。

　そう。受動態っていうのは、行動や作用を受ける対象を主語にして書く方法なんだ。

LESSON 11　視点をずらすと世界が変わる 〜能動態と受動態を使いこなす〜

　だから〈例1〉を読むと、カレシの対応を批判するような反応も得られやすくなるんだ。〈例2〉だと遅れてきた百合子の方が悪いと、カレシを正当化する意見も出やすくなるかもしれないね。

　　── はあ、そういうものかなあ。でも、百合子の視点で書いてある方が、百合子に感情移入しやすくなることは確かだね。いやー、微妙なんだなあ。

こういう例もあるんだよ。

〈例3〉

最近、お肌がぷりぷりになると評判のサプリがいろいろ売られている。

　　── よく聞くような台詞(せりふ)だね。「売られている」だから、これは受動態だ。

そうだね。これを能動態にすると、どうなるかわかるかい？

　　── えー、「売られている」が「売っている」になるんだよね。あれ？「サプリが売っている」じゃおかしいよね。

こんな感じになるんじゃないかな。

〈例4〉

最近、お肌がぷりぷりになると評判のサプリを、健康食品会社が売っている。

―― あれー、なんだか面倒くさい文になるねぇ。

そう。能動態で書くと、行動を起こした主体を主語にしないとならないから、誰が売っているのかを明らかにしないと文が成り立たないんだ。

―― そうかあ。そうすると「健康食品会社」の視点になるから、評判のサプリが売られているっていう本来書きたい内容とズレちゃうんだね。

お、そういうこと。評判のサプリが売られている、という大まかな情報にするためには、受動態の方が便利なんだ。

LESSON 11　視点をずらすと世界が変わる ～ 能動態と受動態を使いこなす ～

　じゃ、もう一つ。新聞なんかでこういう書き方を見たことがあると思うんだ。

〈例5〉
自然災害が続いたのを機に、災害予知の必要性が求められている。

　── ああ、「求められている」が、受動態だよね。これを能動態にしてみるの？

　そうだね。ちょっと考えてごらん。

〈例6〉
自然災害が続いたのを機に、国民は災害予知の必要性を求めている。

　── こんな感じかな。「国民」でいいのかな。

　OK、OK。「国民」もしくは、これを書いた「私」ってことになるよね。能動態にすると行動を起こした主体を書く必要がでてくるんだけど、いちいち書かなくても自明のことだろ。
　特にマスコミはここを暗黙知として書いているんだね。

―― そうだね。主体になる「国民」や「私」を書かない受動態の方がわかりやすいね。

そう。この場合、主体が明確に示されていない〈例5〉の方が〈例6〉より、客観的に書かれているっていうのも面白いだろ。

あ、歌舞伎を見に行かなくちゃ。じゃ、またね。

―― なんだか少しわかってきたみたい。文の構造って案外面白いや。受動態で書いたときの効果も頭にいれておかなくちゃ。

すずメモ

- 能動態と受動態で視点が変わる。
- 受動態は、大まかな情報を伝えるときに便利。
- そして、客観的な書き方もできる。

LESSON 11　視点をずらすと世界が変わる 〜能動態と受動態を使いこなす〜

やってみよう！

【問題1】次の文を読んで、書き手の視点がどこにあるかを考えてみよう。

> ① 学校をサボったので、母に叱られた。
> ② 学校をサボったので、母は僕を叱った。

【問題2】次の文を受動態に書き換えてみよう。

> ① 健康ブームを背景に、食品会社はさまざまな健康機能食品を販売している。
> ② 産地偽装事件を機に、国民は安全で豊かな食料を求めている。

【問題1の解答例】

① は、この文には明示されていない「僕」の視点で書かれている。
② は、僕を叱った「母」の視点に立っている。

【問題2の解答例】

① 健康ブームを背景に、（食品会社によって）さまざまな健康機能食品が販売されている。
② 産地偽装事件を機に、安全で豊かな食料が求められている。

【 解説 】

〈問題1〉受動態にすると、行動や作用を受ける対象が主語になるため、①のように叱られる対象の「僕」の視点に立って書かれていると言える。一方、能動態の②は、「叱る」という行動を起こした主体を主語にするため、「母」の視点に立っていると言える。

〈問題2〉受動態にすると、主体をはっきりさせず一般的な問題として提示することができる。①は「食品会社によって」という主体を明示することはできるが、なくても全体の傾向を示せる。②では「国民」という主体が暗黙のうちに共有されており、全体状況を客観的に伝えることができる。

Point

能動態と受動態が、読み手に与える感覚や視点の違いを意識しておこう。

LESSON 11　視点をずらすと世界が変わる ～ 能動態と受動態を使いこなす ～

補足だぞ！

受動態には「被害者感覚」を表現する効果もある。

> とっておいたスイーツを妹に食べられた。

こう書くと、楽しみにとっておいたスイーツを妹が無断で食べた、という被害者感覚が伝わる。しかし、これを能動態で書くと、

> 妹は私がとっておいたスイーツを食べた。

となる。これだと単に妹がスイーツを食べたという事実があるだけで、必ずしも被害者感覚は生じない。

LESSON 12
生きた化石は生きている
過去形と現在形の関係

　この前は能動態と受動態の話をしただろ。きょうは過去形と現在形について考えてみようか。

　—— はい、よろしくお願いします。

　よろしくお願いします!? あれれ、どうかしたの、その言葉遣い。ま、いいか。過去形を使って現在を表すことがあるんで、その例を見てみよう。

　—— なになに？ 現在を過去形で表せるの？

　ふむふむ、それこそフツーに使ってるはずだよ。

〈例1〉

きょうはデートだというのに、鼻の頭にニキビができた。

　どう？「ニキビができた」って過去形になってるでしょ。

LESSON 12 生きた化石は生きている ～過去形と現在形の関係～

　　── ああ、そうだ。でもこの状態は、いまニキビができているってことだよね。面白いね。

　動作や作用が過去の事柄であることを表すのが助動詞「た」で、通常は「帰ってきた」「日が沈んだ」のように使われるんだ。「た」は、つく動詞によっては「だ」になる場合もあるんだよ。

　　── そうだね。「た」が助動詞だっていうのは、知らなかったな。

　そう、「た」は過去を表す役割だけじゃないんだ。

> 〈例 2〉
>
> a) 一位になった選手には金メダルが授与される。
>
> b) 国境の長いトンネルを抜けると雪国であった。
> 　　　　　　　　　　　　　　（川端康成『雪国』）
>
> c) 壁に掛けた絵。

〈例2〉は、過去を表さない主な文例なんだけど、aは物事が実現すること、bは物事や事態の確認、cは動作・作用がすんでその結果が状態として存在していることを表しているんだな。

　　── 「ニキビができた」は、cの仲間だね。

110

そうなんだ。シーラカンスっていう魚を「生きた化石」って言うんだけど、英語では「living fossil」。だから「生きている化石」の方が正しいって言う人もいるんだ。
　でも英語の文法で日本語を説明しても意味がないだろ。惑わされないようにしたいね。

　　── ふーん、なるほどねえ。あまり意識していなかったけど、
　　　　実際にはよく使う言い回しだよね。

実は、本題はここからなんだ。

　　── え、ここまでは序章？ 大変だ。

ここまでは「た」の役割だったけど、文章を書くときに過去の出来事を過去形だけで書く必要はないんだってことを見てもらおうと思うんだ。

　　── 過去のことを過去形で書かなくていいの？

　たぶん、自然に書きわけているとは思うんだけど、意識しておいた方が絶対いいからさ。

LESSON 12　生きた化石は生きている　〜過去形と現在形の関係〜

〈例3〉

　新緑の季節、軽井沢に出かけた。駅前のアウトレットをブラブラと歩きながらお買い得の洋服がないか探した。芝生の広場が広がり、それを囲むように並んだアウトレットは、歩いているだけでも楽しかった。その後、旧軽井沢銀座まで歩いた。お昼ご飯は、予約していたイタリアンレストランでイチジクのピザを食べた。

―― 新緑の軽井沢。あこがれるなあ。でもなんか少しイタい子みたいな感じの文章になってるんじゃない？ 師匠、ちょっと毒を盛った感じだよ。

いやいや、そんなことはないけど、どうして？

―― だって、「軽井沢に出かけた」「お買い得の洋服がないか探した」「歩いているだけでも楽しかった」「旧軽井沢銀座まで歩いた」「ピザを食べた」って、買い物と食べることしかしてないみたいじゃない。

112

え！またそっち？ いやこれは過去形だけを使って書くとどうなるかっていう文章の例だから、内容までは深く追及しないでおくれよ。そこは脇に置いといてさ。でも君が指摘していたところに、文章の幼さが表れていると言えるかもしれないよ。

―― それってどういうこと？　　また、話をすり替えてるような気がする…。

ほら、全部過去形だろ。そこに問題があるんじゃないかな。
これだとどう？

〈改善例〉

> 新緑の季節、軽井沢に出かけた。駅前のアウトレットをブラブラと歩きながらお買い得の洋服がないか探す。芝生の広場が広がり、それを囲むように並んだアウトレットは、歩いているだけでも楽しい。その後、旧軽井沢銀座まで歩く。お昼ご飯は、予約していたイタリアンレストランでイチジクのピザを食べた。

―― あれ、少し雰囲気が変わったね。動きが出てきたっていうか。

LESSON 12　生きた化石は生きている ～過去形と現在形の関係～

　そうなんだ。過去形を使うと客観的な雰囲気になるんだね。これは映画をスクリーンに映してそれを見ている感じ。見ている自分は映像の外側にいるんだね。しかし、映画に集中すると主人公に乗り移って一緒に動いているように感じることがあるよね。現在形にはこの感覚が生まれるんだよ。

　　―― ああ、わかる気がする。ライブ感っていうか、いきいき感が
　　　　出てくるってことなんだね。

　そういうこと。最初に過去形で「軽井沢に出かけた」と書くことで、客観的回想シーンを提示するだろ。そこから、「お買い得の洋服がないか探す」「歩いているだけでも楽しい」「旧軽井沢銀座まで歩く」と現在形で書くと、その回想のなかに入り込んで、君の言うライブ感を出せるんだ。

　　―― 最後にまた「食べた」って書いてあるのは、どうして？

　それはここで話が終わるからだよ。また過去形にして回想シーンに戻して納めるって感じだね。

過去　　　現在　　　未来

114

―― そうか、ここから話がもっと続くなら現在形で「食べる」っていうふうにしてもいいんだ。

そういうこと。理解が早いじゃないか。
んじゃ、またね。バイバイ。

あ、フレームアウトした。

―― 過去形と現在形で受けるイメージが違うんだ。それにしても「ニキビができた」って過去形を使って現在を表現していたなんて、気づかなかったなあ。

すずメモ

・過去形は過去を表すだけではない。
＜例＞「かぜをひいた」「ニキビができた」
・過去の話のなかにうまく現在形を使うと、
　ライブ感が出てくる。

LESSON 12　生きた化石は生きている　〜過去形と現在形の関係〜

やってみよう！

【問題】次の文章はすべて過去形で書かれている。現在形を交えて
　　　　書き直してみよう。

> 深夜バスで蓼科にスキーに行った。今年は寒波の影響で雪が多く、しかもパウダースノーだった。私たちは到着するとすぐに、ゲレンデに向かった。晴天に恵まれ、白銀の世界がまぶしく輝いていた。頬を過ぎる風も心地よかった。

【ヒント】分解してみよう。
① 深夜バスで蓼科にスキーに行った。（回想シーン）
② 今年は寒波の影響で雪が多く、しかもパウダースノーだった。
　　　　　　　　　　　　　　　　　　　　　　　　　（現場の状況）
③ 私たちは到着するとすぐに、ゲレンデに向かった。（現場の状況）
④ 晴天に恵まれ、白銀の世界がまぶしく輝いていた。（現場の状況）
⑤ 頬を過ぎる風も心地よかった。（感想）

【解答例】

　深夜バスで蓼科にスキーに行った。今年は寒波の影響で雪が多く、しかもパウダースノーだ。私たちは到着するとすぐに、ゲレンデに向かう。晴天に恵まれ、白銀の世界がまぶしく輝く。頬を過ぎる風も心地よかった。

【解説】

〈ヒント〉のところで見たように、主に「回想シーン」「現場の状況」「感想」に振りわけることができる。ここで「蓼科まで行った」という振り返りのシーンは過去形で、現場の状況は現在形で書きわけた方が、臨場感がでる。この文章で迷うのは⑤の「感想」の部分だろう。ここは過去形で書いても現在形で書いても問題のないところだ。

> a) 頬を過ぎる風も心地よかった。
> b) 頬を過ぎる風も心地よい。

　aのように過去形で書くと、全体の文章がここで終わるという印象を持つ。一方、bの場合は、この先にまだ文章が続いていくような印象にもなる。

Point

　文章に正解はないので、どういう表現方法を採るかは個人の感性の問題だ。しかし、過去の出来事に現在形をうまく取り入れると、臨場感が生まれてくるということを理解しておこう。

LESSON 13
テンでバラバラにならないように
読点の位置を意識する

—— 師匠、なんか落ち込んでるみたいですね。

文を書くときに意外に意識されないのが、読点なんだ。なぜか雑に扱われるんだよなあ。

—— え！ 何ですか、それ。

だから読点をさ、もう少し丁寧に扱ってやるべきなんだよ。

—— さっきからボソボソ言っているトウテンって何ですか？

あ、ここにもいた。句読点知らず！

—— ああ、句読点のことかあ。これを略してトウテンって言うんですか？

君と漫才する気はないんだけどなあ。句読点っていうのは句点と読点のこと。文の切れ目に入れる「、」が読点。句点は文の最後におく「。」のこと。

—— あ、「てん」「まる」って、正式名称があったんだ。

句読点は影が薄いんだよなあ。特に読点は…。じゃ、ちょっと勉強してみようかね。

うわっ、やぶへびだったかあ。

—— はい。わかりました。

〈例1〉

私は朝早く起きてヨガをした。

ここには読点がないだろ。君だったらどこに読点を打つ？

—— えー、「私は」の後かなあ。

まあ、それも正解だね。

LESSON 13 テンでバラバラにならないように ～読点の位置を意識する～

〈例 1-1〉

私は、朝早く起きてヨガをした。

〈例 1-2〉

私は朝早く起きて、ヨガをした。

〈例1-1〉は、「私は」の後に読点を打ったから、ヨガをしたのが「私」だっていうことが強調されるんだ。

—— そうかあ。〈例1-2〉は「私は朝早く起きて」の後に読点だから、いつヨガをしたのかが強調されているんだね。

そういうこと。
それじゃ〈例1〉に新しい要素を入れていくよ。

〈例2〉

私は朝早く起きて公園でヨガをした。

〈例2-1〉

私は朝早く起きて、公園でヨガをした。

〈例2〉は、「朝早く起きて」という要素と「公園でヨガをした」っていう要素にわかれるだろ。要素が二つ以上並んだときは、〈例2-1〉のように要素の区切りに読点を打つとわかりやすいんだな。

—— ほほう。確かにそうだね。

LESSON 13　テンでバラバラにならないように ～読点の位置を意識する～

これはどうだい？

〈例3〉
私は朝早く起きて友達の聡美と公園でヨガをした。

—— そうだなあ。「友達の聡美と」に近い要素は「公園でヨガをした」の方かな。

〈例3-1〉
私は朝早く起きて、友達の聡美と公園でヨガをした。

—— これだと読点の位置は〈例2-1〉と変わらないね。

そうだね。要素のかたまりで見ると、これでいいんじゃないかな。さらに要素を加えるよ。

> **〈例4〉**
>
> 私は朝早く起きて友達の聡美と公園で
> ヨガをして汗を流した。

—— これは「汗を流した」っていう要素が入ったから、こんな感じになるのかな。

> **〈例4-1〉**
>
> 私は朝早く起きて、友達の聡美と公園
> でヨガをして、汗を流した。

—— これだと三つの要素にわけられてると思うんだけど。

そうそう、いいねえ。だけど、こうするとどうだい？

> **〈例4-2〉**
>
> 私は朝早く起きて、友達の聡美と公園
> でヨガをして汗を流した。

—— え？ あれ、〈例4-1〉と〈例4-2〉では、なんか違う感じだね。何が違うんだろう。

LESSON 13　テンでバラバラにならないように ～読点の位置を意識する～

「汗を流した」って言葉の意味にもよるんだけどね。これには「汗をかいた」という意味と「シャワーなどで文字通り汗を流した」って意味があるだろ。これが読点の位置によって変わってくるんだ。ここがわかるといいんだけどね。

　──　そっかあ。〈例4-1〉は「ヨガをして」で切れてるから、
　　　シャワーを浴びて汗を落としたって感じに読めるね。
　　　〈例4-2〉はここがつながってるから「ヨガをして汗をかいた」って感じだ。
　　　わー、すごいや。「、」一つで意味が変わって読めるなんて。

「ヨガをして」と「汗を流した」の間に読点があると、一拍空くだろ。その一拍が、ヨガをしてから「いったん家に戻って」シャワーで汗を流したっていう時間と空間の移動をイメージさせるんだ。

さらにしつこく要素を加えるよ。

〈例5〉

私は朝早く起きて友達の聡美と公園でヨガをして汗を流した後映画を見にいった。

—— これは要素が多すぎない？

そうだね。ここまで来たら文を二つにわけた方がいいかもね。

〈例5-1〉

私は朝早く起きて、友達の聡美と公園でヨガをした。その後、汗を流して映画を見にいった。

〈例5-2〉

私は朝早く起きて、友達の聡美と公園でヨガをして汗を流した。その後、映画を見にいった。

—— ああ、こうすると「汗を流した」の意味の違いがよりはっきりするね。へえ、こうなるのかあ。

LESSON 13　テンでバラバラにならないように 〜読点の位置を意識する〜

　よし、これで句読点知らずから卒業だね。それじゃ、きょうはこれでおしまい！

あれえ、相変わらず素早く消えるなあ。

—— それにしても、読点でこんなに違うんだな。意味の固まりに読点を打つ、か。こんなこと意識もしなかったからなあ。たかが「、」されど「、」かあ。

すずメモ

・「、」が読点、「。」が句点。

・「、」は意味のかたまりでつける。

・「、」の位置で意味が変わることもある。

やってみよう！

【問題1】読点を入れる場所を変えて、二つの違う意味の文を作ってみよう。

> ここではきものを脱いでください。

【問題2】私の家に友達が1人来たときと、2人来たときの読点の位置を考えてみよう。

> 佳代と友達の久美子が私の家に遊びに来た。

LESSON 13　テンでバラバラにならないように ～読点の位置を意識する～

【問題1の解答例】
① ここで、はきもの（履き物）を脱いでください。
② ここでは、きもの（着物）　を脱いでください。

【問題2の解答例】
① 1人が遊びに来た場合
　→佳代と友達の、久美子が私の家に遊びに来た。
② 2人が遊びに来た場合
　→佳代と、友達の久美子が、私の家に遊びに来た。

【解説】
　問題1は一種のお遊びにもなっている。履き物と着物という言葉を漢字で書けば、読点の問題はなくなる。
　問題2は、「友達の」が佳代に掛かるか、久美子に掛かるかで、内容が変わる。②の場合「友達の」が誰の友達なのかがはっきりしない。久美子が佳代の友達なら

▶ 佳代と、彼女の友達の久美子が、私の家に遊びに来た。

とすれば、よりはっきりする。さらにわかりやすくするなら、文を二つにわけるといい。

▶ 佳代と久美子が私の家に遊びに来た。久美子は佳代の友達だ。

Point

　読点は単なる息継ぎの場所を示すものではない。それ一つで、文の意味が変わることもある。

3rd. STEP

めざせ! 伝わる文章
人の思考を意識する

上級だよ

LESSON 14　何にでも相性はある
LESSON 15　二股かけると失敗するぞ
LESSON 16　好きなら好きと最初に言おう
LESSON 17　「なう」だけじゃ、心は伝わらない
LESSON 18　素材勝負、味付けは控えめに

LESSON 14
何にでも相性はある
述語に掛かる品詞はそろえる

君はずっと部活をやってきたんだろ。

　—— はい、それだけが取り柄ですから。

でも、部活も組織だから人間関係が面倒だったろう。どうやって乗り越えたのかを一文にまとめてごらん。

　—— いろいろあるから一文でまとめるのは、難しいなあ。

たとえば？　　　　　　　　　　　ああ、来たかあ。こういうの苦手なんだよなあ。

　—— 吹奏楽で言えば、みんなの気持ちを一つにすることかなあ。基本、応援部だからその運営も結構大変だったし。

うん、それでいいじゃない。それをまとめてごらん。

〈例1〉

> 大学時代は応援部で吹奏楽のために人間関係と部の運営に尽力した。

　—— こんなのでどうですか？

まあ、気持ちはわかるけど、文の完成度はまだまだかな。
これを分解してみようかね。

また、分解だ。

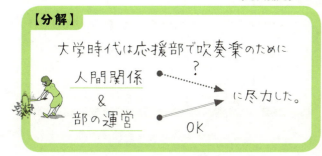

「吹奏楽のために人間関係」をどうしたのかがないだろ。

　――「尽力した」って書いてますけど。

　分解図を見てもらうとわかると思うんだ。部については「運営」とあるけど、人間関係については、その何に尽力したのかがわからない。人間関係っていっても、その修復なのか、円滑さの醸成なのか、いろいろあるだろ。

　――あれれ、ほんとだ。人間関係を良好にするため、とかがあればいいのかな。

LESSON 14 何にでも相性はある 〜述語に掛かる品詞はそろえる〜

そういうこと。それじゃ、書き直してごらん。

> 〈例2〉
> 大学時代は応援部で吹奏楽のために人間関係を良好にするためと部の運営に尽力した。

―― 師匠の言う通りに書き直したらややこしい文章になったんですけど…。

ありゃりゃ。「良好にするためと」と「尽力した」はつながらないだろ。

―― えー、そうだけど、どうしていいかわからない。ああ〜。

まあ、落ち着いて。こんな感じでどうだろうね。

〈改善例〉

　大学時代は応援部で吹奏楽のために良好な人間関係の構築と部の運営に尽力した。

　これなら「良好な人間関係の構築」と「部の運営」が「尽力した」に掛かるだろう。

　―― あれー、マジックだ！！

　これは「人間関係の構築」と「部の運営」が名詞の形にそろっているから「尽力した」という述語にうまくかみ合っているんだよ。

　―― あ、そうなんだ。〈例1〉は、「人間関係」の何に「尽力した」
　　　かがわからないね。

　そう。〈例2〉は「人間関係を良好にするため」が、「尽力した」とうまく対応していないだろう。

ホントだ、でもなんか得意げなおじさんの顔、むかつくなあ。

LESSON 14　何にでも相性はある　〜述語に掛かる品詞はそろえる〜

　── 直してもらって言うのもなんだけど、全体にもったりした
　　　感じはあるよね。

　いいところに気づいたね。この文には、応援部で吹奏楽をしていた
ことと、そこで尽力した内容が盛り込まれているだろ。つまり一つの
文に書き込む要素が多いからなんだよ。

　これについてはこの次にね。疲れちゃった、じゃ、また。

　── わああぁ、むかつく！　けど、確かに疲れちゃうだろうなあ。
　　　私も疲れたから。述語に合う形に品詞をそろえるってことは、
　　　わかった気がするぞ。

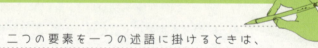

すずメモ

・二つの要素を一つの述語に掛けるときは、
　その要素をそれぞれ明確にする。
・そのうえで、述語に掛ける品詞をそろえる。

LESSON 15
二股かけると失敗するぞ
一つの文に一つの要素

——　この前、直してもらった文がもったりしているって言ったの覚えてますか？

　ああ、そうだったね。一つの文に要素を詰め込みすぎてるって言ったろ。

——　そう、そう。どういうことなんですか？

〈例1〉

> 大学時代は応援部で吹奏楽のために良好な人間関係の構築と部の運営に尽力した。

　この文だったね。これがもったりしているのは「大学時代は応援部で吹奏楽のために」っていう部分の関係性がすっきりしていないからなんだよ。
　さらに「良好な人間関係の構築と部の運営に尽力した」っていう要素が加わっているから、ますますややこしくなってるんだ。

——　じゃ、どうすればいいんですか？

LESSON 15　二股かけると失敗するぞ ～一つの文に一つの要素～

簡単だよ。二つにわければいいんだな。　　　　わける？　どういうこと？

〈改善例1〉

　大学時代は応援部の吹奏楽に所属していた。そこで良好な人間関係の構築と部の運営に尽力した。

こんな感じにすれば、とりあえずいいんじゃないかな。

―― あ、そうか。応援部の吹奏楽にいたことと、そこで尽力したことにわけるってことかあ。

そういうこと。一つの文に一つの要素だけをまとめると、複雑にならずにすっきりするんだよ。

―― もったりした感じだったのは、そういうことなんですね。

こんな具合に要素をわけると、「そこで良好な人間関係の構築と部の運営に尽力した」があいまいだってことにも気付くんじゃないかな。

―― どこがどうあいまいなの？   え、あいまいって？

【分解】

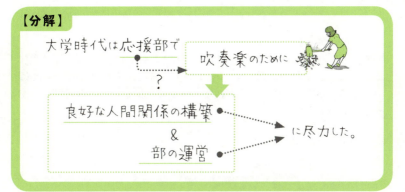

分解図を見てごらん。何のために良好な人間関係を構築したのかとか、部の運営って何のことかがわからないだろ。

―― それは、いい演奏をするためには心を一つにしなくちゃいけないし、応援部は野球部なんかとの連携や他大学の応援部との会合なんかもあるし…。

LESSON 15　二股かけると失敗するぞ 〜一つの文に一つの要素〜

　そうそう、そこだよ。それは君がわかっていることだろうけど、部外者の僕にはそういう事情はちっともわからないもん。

　　―― そう言われても、この前は一つの文にまとめろって言われたから！

　そう怒らなくても…。
　でも、こういうことに気づかなければ、400字使って書いても同じようなことが起こるんだよ。要するに一つの文にまとめるには、どうすればいいかを知らないとね。そうすれば、一つの文に書き込める限界もわかるというものだよ。

げっ、図星だ。
このままじゃ、400字なんて
書けるわけないや。

　　―― じゃ、さっきの文をどうすればいいのかな。

〈改善例2〉
吹奏楽のクオリティーを高めるために、仲間とのコミュニケーションを第一に考えた。

吹奏楽のところはこんな感じにすると、どうだい？
「人間関係の構築」ってのもよくわからないから、普段よく使う言葉に置き換えると無理がないだろ。

—— そうそう、言いたかったのはこういうことだったんだ。部の運営のところは、私が考えてみるね。

いいねえ。やったんさい。

〈すずの改善案〉
応援部は野球部など他部との関係性も重要だし、他大学との関係性も大切にした。

—— これでどう？

ブー！ これだと「関係性」っていう言葉が2回出てきて、よくわからないな。

クッソー！ 一矢報いようと思ったのに！ これじゃ、返り討ちじゃん。

LESSON 15　二股かけると失敗するぞ ～一つの文に一つの要素～

〈改善例3〉

応援部は野球部など他部との日程調整や他大学との交流なども必要で、こうした運営にも力を注いだ。

これでどうだい？ これなら「力を注いだ」主語が「私」になるだろう。

　──　うわっ、まさに。その通りだ。それに「関係性」のところが
　　　具体的になった。

さらに言うと「他大学との交流」が、いまひとつわからないだろう。「他部との日程調整」と、「他大学との交流」の二つの要素が入っているからなんだ。これをわければ、もっと説明しやすくなると思うよ。

〈改善例4〉

応援部は野球部など他部との日程調整が必要だ。また、対戦相手となる他大学との応援の打ち合わせなども頻繁にある。

こういうふうにすれば、それぞれをしっかり説明できるんじゃないかな。

　── あわわわ。すごいわかりやすい。でも、これじゃ私が努力
　　　したっていう部分が消えちゃってるね。

そうだね。これをまとめる形で、もう一文加えればいいんだよ。

〈改善例5〉

> 応援部は野球部など他部との日程調整が必要だ。また、対戦相手となる他大学との応援の打ち合わせなども頻繁にある。私はこうした部の運営にも力を注いだ。

ね、「こうした」っていう「こそあど言葉」をうまく使ってまとめるのもコツだね。

　── あっ、こそあど言葉ねぇ。

LESSON 15 二股かけると失敗するぞ 〜一つの文に一つの要素〜

〈改善例6〉

　大学時代は応援部の吹奏楽に所属していた。吹奏楽のクオリティーを高めるために、仲間とのコミュニケーションを第一に考えた。応援部は野球部など他部との日程調整が必要だ。また、対戦相手となる他大学との応援の打ち合わせなども頻繁にある。私はこうした部の運営にも力を注いだ。

こんなふうに整えれば、まあまあ合格点を取れるんじゃないかな。全体をスムーズにするために、少し手を入れればいい。あとは自分で考えてみてね。じゃ、きょうはこれで。

　——　おじさんに後光がさしているように見えた。〈例1〉が、
　　　　ここまで変わるんだ。

すずメモ

・一つの文は一つの要素で書く。
・要素が増えたら、文をわける。
・これだけで、文章が変わる！

142

LESSON 16
好きなら好きと最初に言おう
前提はいらない、結論から書き出せ

　さて、ここまでで基本の部分は大体いいんじゃないかな。ここからは実際に書いてみようかね。

　　── えー！　そんなことを急に言われても書けませんよ。

　ははは、いいねえ。文と文章の勉強をすると話し言葉もしっかりしてくるもんだね。最近少しずつ言葉遣いが変わってきてるじゃないか。

　　── そうですかあ？　そんなに変わってないと思うんですけど。

　まあ、いいか、ね。それじゃ、「山」っていう題で書いてごらん。

　　── 山？　うーん。

そんなムチャぶりされてもなあ。

143

LESSON 16　好きなら好きと最初に言おう　～前提はいらない、結論から書き出せ～

〈例1〉

　山といえば、小学生のころ遠足で登った高尾山が思い出される。春山の一番の記憶は、花がたくさん咲いていたことだ。リュックサックが重くて、泣きながら歩いた思い出も今となってはいい思い出だ。

はーい、ストップ。　　　ああ、書けない。何を書いているのか自分でもさっぱりだ。

　まあ最初はこんなもんだけどね。「山」という題が出たからといって〈例1〉のように「山といえば〜が思い出される」みたいな 書き方は意味がないんだ。これだと「川」でも「空」でもみんな同じ書き方になるだろう？

　―― 確かにそうだ。落ち込むなあ。
　　　どうすればいいんだろう。

144

簡単なんだよ。人は結論から話をしているはずなんだ。新しい店に行った友人に「この前行ったイタリアンどうだった？」って聞くと「すっごくよかったよ」なんて答えるだろ。

　　―― 確かに。でもこれで文章が書けるとは思わないんですけど。

もちろん、このままじゃね。ただ、一番伝えたいことが「よかった」なら、それがなぜよかったのかっていうところから書き始めればいいんだよ。そんなに堅苦しく考えることはないのさ。

　　―― そうは言っても、簡単じゃないでしょ。

〈改善例〉

春の遠足で登った高尾山には、たくさんの花が咲いていた。リュックサックが重くて、泣きながら歩いた。懐かしい小学生時代の思い出だ。

ほら、こんな感じにすればすっきりするだろ。言いたいことを前に出せばいいんだから。

　　―― えー、全然違う！

　　　　　　　え、マジすごいんですけど。

145

LESSON 16　好きなら好きと最初に言おう　〜 前提はいらない、結論から書き出せ 〜

　使っている言葉はほとんど変わらないはずだよ。ただ、〈改善例〉の方が3分の2くらいに短くなってるけどね。

　—— 信じらえなーい。

　関西のおばちゃんの会話を参考にすればいいんだよ。

　—— 関西のおばちゃんの会話？

　そう。関西のおばちゃんって言いたいことを先に言うからね。

〈例2〉

「林さーん、昨日よかったのよう」
「え、ほんまに」
「嵐のコンサート、いやもう最高やったわ」
「桜井ちゃん、どやった?」
「いやもう、かいらしいし、賢そうやし。あんな子、息子にほしいわあ」

ね。脈絡はないけど、言いたいことしか言ってないでしょ。文章の極意はここにあるんじゃないかなって思ってるんだ。

―― 師匠、関西のおばちゃんに怒られるよ。しかも褒めてないし。

いやいや。方法論としてはじゅうぶん参考になると思うよ。

―― まあ、確かにこれなら何とかなりそうな気もしてきますね。

LESSON 16　好きなら好きと最初に言おう　〜前提はいらない、結論から書き出せ〜

文章を書こうとするとほとんどの人が構えちゃうからね。
こういう身近な思考回路を参考にすることは、大切だと思うよ。

　―― そっかあ。文章を書こうとすると構えてしまうっていうの
　　　はホントだもんな。

じゃ、きょうはここまでね。頭を柔らかくしてね。これあげる。

　―― あ、アメちゃん。おじさんがおばちゃんみたいじゃん。男の
　　　おばちゃん!?
　　　それにしても、これは衝撃的だったなあ。あんなに簡単に
　　　人の文章を直しちゃうなんて。結論から書き出すか、なる
　　　ほどなあ。頑張ろうっと。

すずメモ

・書き出しに前提はいらない。
・書きたいと思う部分から書き出せ。
・関西のおばちゃんの会話を参考に
…ホントかな?

148

LESSON 17
「なう」だけじゃ、心は伝わらない
「状況」「行動」「変化」で文章を考える

結論や言いたいことから書き始めようって、前回話しただろ。

　―― はい。いまだにあの衝撃は忘れられません。

おいおい、急に、そんなにかしこまらなくてもいいんだけどな。面白みがなくなっちゃう気がするんだけど。

　―― もう、そろそろ社会人としての振る舞いも覚えていかないと
　　　いけないと思ったので。

ま、それはそうだね。でも、なんか話しにくいな。で、文章がどういう構成でできているかを考えてみたいと思うんだな。

LESSON 17　「なう」だけじゃ、心は伝わらない　〜「状況」「行動」「変化」で文章を考える〜

> 〈例1〉
>
> 　友達の聡美とディズニーランドに出かけた。あいにくの雨だったが、2カ月前から聡美とスケジュールを合わせてやっと実現したものだ。聡美とは中学からの親友で、高校までテニス部で一緒だった。しかし、彼女は関西の大学に行ったので会う機会がめっきり減った。だからとても楽しみにしていたのだ。

—— わかりやすい文章ですね。気持ちもわかるし。

そうだね。これを「状況」「行動」「変化」の要素にわけてみようか。

—— そんなことができるんですか？

〈例1〉の分析

友達の聡美とディズニーランドに出かけた。〈**行動**〉

あいにくの雨だったが、〈**状況**〉

2カ月前から聡美とスケジュールを合わせて〈**行動**〉

やっと実現したものだ。〈**状況**〉

聡美とは中学からの親友で、高校までテニス部で一緒だった。〈**状況**〉

しかし、彼女は関西の大学に行ったので会う機会がめっきり減った。〈**変化**〉

だからとても楽しみにしていたのだ。〈**状況**〉

　この文章は「行動」「状況」「行動」「状況」「状況」「変化」「状況」って具合に、大まかにわけられるだろ。

　―― そうですね。これが文章の構造とどう関係するんですか。

たとえばSNSの文章って「状況」だけを書いているものが多いんだ。

LESSON 17　「なう」だけじゃ、心は伝わらない　～「状況」「行動」「変化」で文章を考える～

> 〈例2〉
> 「六本木なう」
> 「夜景がきれい」
> 「隠れ家的焼き肉屋、発見。うまし」
> 「チョー、いい」

ね、これって状況の報告だけでしょ。これだと本当に伝えたいことが伝わらないんじゃないかな。

　　── SNSで、込み入ったことを書こうとも思わないけれど、
　　　　師匠の言わんとするところはわかります。

一つの文が「状況」を報告すると、それに反応してなにがしかの「行動」が起きる。これが「変化」を生みだし、さらにこの「変化」が新しい「状況」をつくっていく…。

　　── そういうつながりみたいなものが、文と文を結び付けて
　　　　いるって言うんですか。

そうなんだよ。だから〈例1〉の文章もそんな感じになってるだろ。少なくとも「状況」だけで文章が作られているわけではないってこと。

　　—— それじゃ、この「状況」「行動」「変化」を意識して、その循環を書いていけばいいってことですね。なんでこんなことを思いついたんですか。

　人の行動もそうだろ。ある状況から行動を起こして変化する。だから、人が文章を書くってことは、そういう要素から離れることはできないんじゃないかな。

　　—— そういうことね。こんな分析をしたことがないなあ。わー、チョー面白い。

　文章は人間の思考に沿って書いていくものだろ。文章がすっきりしないってことは、その思考の組み立てが間違っているのかもしれない。そんなときに、この三要素に照らして整理してみるといい。
　特に「状況」ばかりになっていないかどうか、そこを点検すると問題点が見えてくるんじゃないかな。ってところで、きょうは帰るよ。

LESSON 17 「なう」だけじゃ、心は伝わらない ～「状況」「行動」「変化」で文章を考える～

——　あれ？　コーヒー豆を買ってる。自分でもコーヒーをいれるのかあ。いまカプチーノのグランデ飲んだばかりなのに。それにしても「状況」「行動」「変化」が、人間の行動パターンだとは…気づかなかったなあ。

すずメモ

・文章は人間の思考の組み立て。

・人間は「状況」に応じた「行動」をとり、それによって「変化」する。

・だから、思考の組み立てがおかしいと思ったら、これに照らして考えるべし！

LESSON 18
素材勝負、味付けは控えめに
箇条書きで文章をつくる

―― 「状況」「行動」「変化」なんてことを教わりましたが、そもそも文章を書くのって大変なんです。学校でも習ったことがないし…。大切なことから書き始めればいいとはいえ、私を含めてほとんどの人がそこでつまずいていると思うんですよね。

ほう、確かにねえ。それじゃ、箇条書きでどんどん文を加えていって、文章にするって方法も教えておこうかね。

―― そんな方法があるんですか？

あるんだな、これが。

〈例1〉

かおるから電話が掛かってきた。

ね、ここから始めようか。仮にかおるを君の大学時代の友人としておこうか。

―― これだけで？

LESSON 18　素材勝負、味付けは控えめに　〜箇条書きで文章をつくる〜

そういうこと。このかおると君はどういう関係なんだろう。そこを書き足していこうか。

〈例 1-1〉

かおるから電話が掛かってきた。
彼女は大学時代、同じゼミを取っていた友人だ。

その彼女はどういう人なんだろう。そこを加えていこう。

〈例 1-2〉

かおるから電話が掛かってきた。
彼女は大学時代、同じゼミを取っていた友人だ。フランス語が得意だった彼女は卒業後、パリに留学していた。

その彼女がなんで、君に電話をしてきたんだろう。

156

〈例 1-3〉

かおるから電話が掛かってきた。
彼女は大学時代、同じゼミを取っていた友人だ。フランス語が得意だった彼女は卒業後、パリに留学していた。5年ぶりに東京に戻るので、会えないかというのだ。

なんで5年ぶりに帰ってきたんだろうね。ここからは、追加する部分だけを書くよ。

〈例 1-4〉

ワインの勉強をしてきて、日本で店を出す予定なのだという。すでに店も目星をつけているという。

へえ、立派なもんだねえ。君と会うことと、どう関係しているのかな。

LESSON 18　素材勝負、味付けは控えめに　〜箇条書きで文章をつくる〜

〈例 1-5〉

そこで、私に店を手伝ってくれないか、というのだ。

あれー、すごいじゃないか。君は何か特技を持っているんだっけ。

〈例 1-6〉

私がテーブルコーディネーターの仕事をしていることを、覚えていたらしい。

それでどうすることにしたんだい?
最後にまとめてみよう。

〈例1-7〉

かおるから電話が掛かってきた。
彼女は大学時代、同じゼミを取っていた友人だ。
フランス語が得意だった彼女は卒業後、パリに留学していた。
5年ぶりに東京に戻るので、会えないかというのだ。
ワインの勉強をしてきて、日本で店を出す予定なのだという。
すでに店も目星をつけているという。
そこで、私に店を手伝ってくれないか、というのだ。
私がテーブルコーディネーターの仕事をしていることを、覚えていたらしい。
そういえば、いつかお店を出したいねと2人で話していたことがある。
帰国したらまた連絡すると言って、電話を切った。
わずか3分ほどの電話が、夢の入り口につながるのかもしれない。

ね、こんな具合に自問しながら箇条書きにしていけば、どんどん文がつながるだろ。

―― 本当ですね。でも、これって師匠が勝手に作った架空の話だからうまく書けたんじゃないですか？

LESSON 18 素材勝負、味付けは控えめに ～箇条書きで文章をつくる～

　そりゃ、逆だね。実際の話の方が、より現実味があるはずだし、実際の会話を盛り込めば、よりリアリティーが出てくるはずだよ。一つの要素を一つの文にする。その補足を次の文に書く。それを繰り返していけばいい。そうすれば、肩ひじ張らずに書いていけるもんなんだ。

　——　確かにそうですね。師匠っていつもこんなふうにでまかせ
　　　書けるんですか？

　なんたってVCだからね。口八丁手八丁さ…なんてね。じゃ、きょうは軽いノリで帰ろうかな。

　——　えー！　軽いノリって、踊りながら帰る？　しかし、なんで
　　　ノリ突っ込みみたいな感じで文章が書けるのかなあ。質問
　　　力の問題かなあ。なんだろう。それこそ、Why？だよ。

すずメモ

・箇条書きのようにシンプルに書く。

・自問しながら書く。

・そうすると、文がつながって一つの文章
　になる。

Final STEP

秘策！文章マスターへの道
「Why」を意識する

LESSON 19 　知ってるつもりが一番危ない
LESSON 20 　厚化粧は必要ない
LESSON 21 　あるがままの君がすてきだ
LESSON 22 　スリムなボディーで力強く
LESSON 23 　自分のストーリーを描き出せ

書く前に自分と向き合う
ボディーづくりは骨格と肉から
泣きそうなのは誰？
「は」と「が」、それが問題だ
「は」「が」ゆい思いが三千てます
やっぱりマッチングってあるでしょ

距離感は大切でしょ！
しつこいと嫌われる
あえて言っても伝わらない
つなぎは少なめが美味
視点をずらすと世界が変わる
生きた化石は生きている
テンでバラバラにならないように

シャキーン

プロ級だぞ！

何にでも相性はある
二股かけると失敗するぞ
好きなら好きと最初に言おう
「なう」だけじゃ、心は伝わらない
素材勝負、味付けは控えめに

LESSON 19

知ってるつもりが一番危ない
5W1Hの活用を考える

さあ、ここまでくればもう書けるでしょ。

　——　師匠、そんなあ。何をどう書けばいいって言うんですか!?

自由にどうぞ。

　——　自由にって言ってもテーマぐらいあるんでしょ。

自由なんだから自由に書けばいいのに…。仕方ないなあ。じゃ「あなたへ」でいこうか。30分で200字ね。はい、どうぞ。

　——　へ？ 30分で200字？ 何それ。「あなた」って、どなた？

まずいなあ。まったく思い浮かばない。「あなた」なんて呼んだことのある人なんかいないし…。

あれ？ もしかしてもしかして、今の私から未来の私へ呼び掛けるとか、どうだ？

でも未来の私が想像できない。うーん、その前にいまの自分がわからない…。

163

LESSON 19　知ってるつもりが一番危ない　～５W１Hの活用を考える～

> **題「あなたへ」**
>
> 私は大学で吹奏楽をしていた。しかし、いまはもうやっていない。やめたわけではないのだが、トランペットはクローゼットにしまったままでほこりを被っているのではないか。なぜやめたわけではないのかというと社会人になってからする機会がなくなったからだ。だからやめたわけではないということなのだ。いつかまた始めたいと思っているが、社会人でやっている人がなかなかいない。未来のあなたはもう一度トランペットを吹くべきなのだ。

―― 書いたけど、なんかひどすぎる。何を言いたいのか自分でもわからない。

ははあ、未来の自分に向かって「あなた」って呼び掛けているんだね。その発想自体は悪くないんじゃないのかな。

―― え、そう？　よかったあ。

でも、ひどすぎるなあ…。

げ、持ち上げて落とすか！
そんなに力強く言わなくてもいいのに…。

なぜだかわかるかい？この前、文には「状況」「行動」「変化」っていう要素があるって言ったろ。この文章は「状況」しか書いていないだろ。

　　―― あ、そう言われればそうかも。忘れてた！

だから、つまらないんだよ。

　　―― でも、どうやって、その三つの要素に沿って書けばいいのか、わからないですよ。

うん。5W1Hって知ってるかい？

　　―― もちろん、そのくらいは。
　　　「いつ、どこで、誰が、何を、どうした」でしょ。

残念！簡単に引っかかっちゃうなあ。いやいや、それは違うから。

　　―― だって、「いつ」がWhen、「どこで」がWhere、「誰が」がWho、「何を」がWhat、「どうした」が…あれ？

LESSON 19　知ってるつもりが一番危ない　〜 5W1Hの活用を考える 〜

どうしたがどうした？

くそー、このダジャレむかつく。あ、ダジャレにもなってないか…。
でも「どうした」ってなんだ？

「どうした」は Do(Did) だろ。4W しかないし。H は How で「どうやって」だろ。

　　── あれ？　あと一つのWはなんだろう？

そうだね。みんなそこでつまずくんだな。もう一つのWは「Why」だよ。知っているようで知らないことって、案外多いものだね。

　　── え？　そうだっけ。でも、「いつ、どこで、誰が、何を、
　　　　どうした」って定番でしょ。

そこが間違ってるんだ。5W1Hで一番大切なのが「Why」なんだよ。「なぜ」「どうして」っていう問いに答えるように書いていかないと、読み手がフラストレーションを持ってしまうんだ。さっきの

「私は大学で吹奏楽をしていた。しかし、いまはもうやっていない」

っていう書き出しも、「なぜ、大学で吹奏楽をしていたのか」がないと、「なぜ、いまはもうやっていないのか」との対比がはっきりしないだろ。

―― そうかあ。そういうところを書いていくと「状況」「行動」「変化」っていう要素も書けるの？

そういうこと。「状況」には、そこに至る「行動」があるわけだろ。「行動」があれば「変化」が生まれ、また新しい「状況」が生まれるだろ。ここで一番言いたいのは何なの？

―― えーと、社会に出るとトランペットを吹く時間もなくなるんだろうなあ、でもできれば続けたいなという思いかな。

だったら、そこを書けばいいんだよ。

―― でも、将来の自分のことを心配して書くと「あなたへ」というお題にはならないんじゃないの？

大丈夫、大丈夫。将来トランペットを吹く時間がなくなった自分を想定して、その自分に手紙を書いてごらん。

―― 手紙？ なるほど、そういう発想も必要なんですね。

LESSON 19　知ってるつもりが一番危ない　～ 5W1Hの活用を考える ～

> **〈すずの改善案〉　題「あなたへ」**
>
> 　空を見ていますか？　深呼吸できていますか？　いつもまっすぐ全力で突き進んでいるあなたの姿を、とても頼もしく見ています。
> 　どんな些細なことも丁寧にやり遂げる姿はまぶしくもあります。でも、あれだけ好きだった吹奏楽にも参加する時間が取れないなんて、あれだけ好きだったトランペットの音色をまったく聞かずにいるなんて。忘れ物をしたことすら気づかず早足で歩いている感じがします。
> 　空を見てみませんか？　ため息ではなくトランペットを吹いて大きく呼吸してみませんか？　吹奏楽は一人ではできません。あなたを待っている仲間がいます。かつてのように、顔をあげて空高くトランペットを吹いてみませんか。クローゼットにしまったままのトランペットも、あなたの呼吸に合わせてメロディーを奏でたいと思っているはずです。トロンボーンもチューバもクラリネットもティンパニも、みんなみんな足りない音を待っています。あなたの音を待っています。

―― 師匠、これでどうですか？

ほほー、いいじゃないか。これまでのものより、ずっといいよ。

―― ほんとですか？　でも、Why とか「状況」「行動」「変化」が書けていないように思うんですけど。

168

いやいや、うまく書きわけられていると思うけどな。

〈すずの改善案〉の分析

空を見ていますか? 深呼吸できていますか? 〈**状況への問いかけ**〉

いつもまっすぐ全力で突き進んでいるあなた〈**行動**〉

の姿を、とても頼もしく見ています。〈**状況**〉

どんな些細なことも丁寧にやり遂げる〈**行動**〉

姿はまぶしくもあります。〈**状況**〉

でも、あれだけ好きだった吹奏楽にも参加する時間が取れないなんて、あれだけ好きだったトランペットの音色をまったく聞かずにいるなんて。忘れ物をしたことすら気づかず早足で歩いている感じがします。〈**状況**〉

空を見てみませんか? ため息ではなくトランペットを吹いて大きく呼吸してみませんか? 〈**行動・変化の促し**〉

吹奏楽は一人ではできません。あなたを待っている仲間がいます。〈**状況**〉

かつてのように、顔をあげて空高くトランペットを吹いてみませんか。〈**行動・変化の促し**〉

クローゼットにしまったままのトランペットも、あなたの呼吸に合わせてメロディーを奏でたいと思っているはずです。トロンボーンもチューバもクラリネットもティンパニも、みんなみんな足りない音を待っています。あなたの音を待っています。〈**行動・変化の促し**〉

LESSON 19　知ってるつもりが一番危ない　〜 5W1Hの活用を考える 〜

　大まかにこんな感じにわけられるんじゃないかな。未来のあなたに対して、行動や変化を促す書き方になっているけど、そこにはきちんとそれなりの理由が見えるじゃないか。

「空を見ていますか?」

「空を見てみませんか?」

は、唐突なようなんだけど、ちゃんと

「かつてのように、顔をあげて空高くトランペットを吹いてみませんか」

につながっているだろ。つまり「空を見ていますか?」「空を見てみませんか?」の Why がそこにつながっているってことさ。

　　—— そこまで深く考えていなかったけど、そう言われてみれば、そうですね。

170

何よりも、未来の自分に手紙を書くことで、自分自身を客観的にとらえているところがいいね。覚えているかい？ 初めて話を聞いたときに、自分の長所と短所を書いてごらんって言ったこと。

　　── 覚えてます。短所ばかりで、長所がほとんど書けなかった。

　そうそう。でも、この作文を見てごらん。「いつもまっすぐ全力で突き進んでいる」「どんな些細なことも丁寧にやり遂げる」っていう長所がしっかり書き込まれているじゃないか。

　　── あれ、本当だ。なぜだろう。

　つまり、文章を書くっていうことは、自分のことであれ何であれ、物事を客観的に観察するってことなんだ。そしてそれを基にストーリーを描けるかどうかなんだ。

　　── ストーリー？

LESSON 19 知ってるつもりが一番危ない 〜 5W1Hの活用を考える 〜

　そう、別に虚構を書けというわけではなくてね。特にエントリーシート（ES）では、自分がどういう人間なのか、というストーリーを書けるかどうかだね。きょうは少し長くなったんで、これで帰るかな。フットサルに行かなくちゃ。

　　──　物事を客観的に観察してストーリーを描くかあ。将来の自分に手紙を、って言われて、書き直したときは力が抜けてスーッと書けたなあ。あれ？ おじさん、いつの間にいなくなった？ いま、フットサルとか言ってた？？？ まさか！

すずメモ

・5W1Hで一番大切な「W」は「Why」。
・読む人が「なぜ」「どうして」と思うところをきちんと説明すること。
・「Why」を意識すれば「状況」「行動」「変化」が書ける。
・客観的に観察してストーリーを描くこと。

LESSON 20
厚化粧は必要ない
とことん「Why」を使って書く

この前、5W1Hの話をしただろ。覚えてるかい？

―― 「いつ、どこで、だれが、何を、なぜ、どのように」でしょ。そのなかでも「なぜ＝Why」が重要だって話でした。

そう。「なぜ」の使い方をもう一回、見ておこうと思うんだ。「状況」「行動」「変化」が入り交じって展開するっていうことも言ったよね。つまり、こういう文章の展開を促す役目が「なぜ」っていう要素なんだ。

―― うーん、もう少し具体的に教えてもらえませんか？

LESSON 20　厚化粧は必要ない　〜とことん「Why」を使って書く〜

〈例1〉

きのう、私達は品川のホテルでケーキバイキングを楽しみました。

この文は、こんな構図だろ。

いつ　　＝　きのう
どこで　＝　品川のホテルで
誰が　　＝　私達は
何を　　＝　ケーキバイキングを
どうした＝　楽しみました

── そうですね。Whyがない文ですよね。

そう。この文は、楽しんだという状況が書かれているよね。
「なぜケーキバイキングに行ったのか」という問いをたてると…、

〈改善例1〉

> きのう、友達の麻里子に誘われて品川のホテルでケーキバイキングを楽しみました。

これだと、「友達の麻里子に誘われて」っていう動機・きっかけが加わっただろ。

　── そうですね。次に「なぜ楽しめたのか」という理由も欲しいですよね。

〈改善例2〉

> きのう、友達の麻里子に誘われて品川のホテルでケーキバイキングを楽しみました。
> バイキング会場には30種類以上のケーキが並んでいます。私はパッションフルーツケーキとガトーショコラに目がないので、まっさきにお皿に取って、飲み物もそこそこに口に運びます。麻里子はトマトのケーキとカボチャのタルトをほおばっています。

　── ああ、これは楽しそうだわ。私もケーキが大好きだからわかるなあ。

LESSON 20　厚化粧は必要ない　〜とことん「Why」を使って書く〜

　気づいたかな。「バイキング会場には」からあとの文が、現在形になってることに。

　　　―― あっ、ほんとだ。以前、過去の話を現在形で書くとライブ感
　　　　　が出るって教えてもらいましたよね。確かにそうだ。

　こうすると、バイキングを楽しんだという「状況」から、おいしそうにパクパク食べている「行動」に展開できるんだ。そうするとぐっと動きが出てくるのがわかるんじゃないかな。

　　　―― ホントだ。これはマジックだな。

　さらに、どんな味だったのか、どれだけ食べたのかっていうことも知りたいよね。

〈改善例3〉

　きのう、友達の麻里子に誘われて品川のホテルでケーキバイキングを楽しみました。
　バイキング会場には30種類以上のケーキが並んでいます。私はパッションフルーツケーキとガトーショコラに目がないので、まっさきにお皿に取って、飲み物もそこそこに口に運びます。麻里子はトマトのケーキとカボチャのタルトをほおばっています。
　パッションフルーツケーキは酸味が利いていて、スイーツなのに口の中がさわやかな感じさえします。ガトーショコラは甘さを抑えたチョコがトロッと舌の上で溶けて、カカオの香りが鼻に抜けます。
　結局2時間で、私はメロンやイチゴ、桃などのフルーツケーキやチョコレートムースなど20個、麻里子は23個もぺろっと平らげていました。

―― わー、よだれが出そう。師匠、今度連れて行ってくださいよ。

いやいや、これは作文だからね。でも、それだけイメージが湧いてきたってことだね。さらに、これだけ食べてどうなった、どう感じたんだろうっていう部分も欲しくなるので、さらに書き加えるよ。

LESSON 20　厚化粧は必要ない　〜とことん「Why」を使って書く〜

〈改善例4〉

　きのう、友達の麻里子に誘われて品川のホテルでケーキバイキングを楽しみました。

　バイキングは2時間で30種類以上のケーキが食べ放題、紅茶やコーヒーなどの飲み物もお代わり自由です。私はパッションフルーツケーキとガトーショコラに目がないので、まっさきにお皿に取って、飲み物もそこそこに口に運びます。麻里子はトマトのケーキとカボチャのタルトをほおばっています。

　パッションフルーツケーキは酸味が利いていて、スイーツなのに口の中がさわやかな感じさえします。ガトーショコラは甘さを抑えたチョコがトロッと舌の上で溶けて、カカオの香りが鼻に抜けます。

　結局、私はメロンやイチゴ、桃などのフルーツケーキやチョコレートムースなど20個、麻里子は23個もぺろっと平らげていました。

　たくさん食べてお腹が苦しくなったので、ちょっと恥ずかしかったけれど、そっとデニムパンツのウエストのボタンを外しました。バイキング慣れしている麻里子は、「こういうときはお腹を締め付けないワンピースに限る」と自慢していました。

　全身が甘い香りに包まれて、目がとろーんとしてきました。年々丸みを帯びている私たちは「ダイエットはあしたからだね」と言って笑いました。

ちょっと笑えない感じになってない？

―― ちょっと、最後はひどくないですか？

　まあ、これは作文だからさ。でも、ケーキバイキングを楽しんだ後に「目がとろーんとしてきた」という幸せな「変化」が見て取れるだろ。もっとも「丸みを帯びた」という可愛い変化もおまけについてるんだけどね。

―― ほらー、やっぱり。ちょっと毒が入ってるじゃない。でも、
　　「状況」「行動」「変化」っていう文章の流れは、わかり
　　やすいと思います。

　ま、こういうふうにイマジネーションをどんどん膨らましていけるってことだよ。
　ほとんどの文が、一つの文に一つの要素しか入っていないことに気づいてほしいんだな。一つの文にあれこれ書き込んでいないだろ。

―― 確かに。すごくシンプルな書き方なので、読みやすいです
　　よね。こういうふうに書くのは、特別なテクニックがいるん
　　じゃないですか？

LESSON 20　厚化粧は必要ない　〜 とことん「Why」を使って書く 〜

　そんなことはないさ。以前にも言ったけど、箇条書きみたいな感じで文をつないでいっているだけなんだよ。文章を展開させるっていうのは、文と文をつないでいくってことなんだ。そこで必要なのが「なぜ」「どうして」っていう問いかけなんだ。〈例1〉に挙げたたった一つの文が、これで500字ほどになってるだろ。
　何度も同じことを繰り返し言っているけど、これさえ会得すれば文章を書くなんて恐れるに足らずなんだよ。

　―― そうなんですか。一つ文を書いたら「なぜ」「どうして」っていう問いかけをしていけばいいってことなんですか？

　そういうこと。子どもが両親に「なんで、なんで」って聞くだろ。大人になると、そこを聞くのが恥ずかしいと思うのか、素直に聞けなくなる。でも、相手にわかってほしいと思ったら、読み手の先回りをしてその部分を丁寧に書いていかないと文章に説得力がなくなるんだよ。

ふかい！　そこまで文や文章について考えてるなんて、
やっぱりこのおじさんただもんじゃないな

―― 「Why」の重要性はよくわかったけど、そんなにすぐできる
　　ようになるのかなあ。

　大丈夫、大丈夫。少し訓練は必要だけど、自分の文に「Why」って
問いかけていけばいいんだから。それは、自分を客観的に見ていくっ
ていうことでもあるからね。
　じゃ、きょうはこれで。腹減ったなあ、ケーキ行っちゃうかなあ。

お、なんだかちょっと気になることを言ってない？

―― 自分を客観的に見る？　前にも聞いたような…。Why の
　　威力、恐るべしだな。うーん。あれ？　おじさんまた黙って
　　帰っちゃった？

すずメモ

・たった一つの文も、Why の要素を入れ
　ると、長い文章になる。
・一つの文に一つの要素で、箇条書きみたい
　にして書いていく。
・毒を含まない書き方をしよう！

LESSON 21
あるがままの君がすてきだ
写生文を使って客観的に書く

——　このところずっと、「Why」の重要性について教えていただいてすごくためになりました。「状況」「行動」「変化」っていう展開も教わったんですが、この要素はこの通りの順番じゃないといけないんですか？ うまくこれに当てはまらないような気もするんですけど。

いやいや、その順番を気にする必要はないんだ。「状況」が二つ三つ続いてもいいし、「行動」や「変化」から書き始めてもいい。
　ただ、意識しないと「状況」ばかりを書きつづることが多いので注意しようってこと。これまでの例文もこの順番にはなっていなかったと思うよ。

——　そういうことだったんですね。「状況」ばかりが並ばないように「Why」という問いをたてると、そこに「行動」「変化」が自然に現れるっていうことですか。

パーフェクト！ さらに言うと「Why」という問いをたてるということが、客観的な視点を持つということにもなるんだ。

〈例1〉

「会社を辞める!」。突然、姉は言い放った。
「急にどうしたの?」
「時間の無駄。私、イタリアに行ってインテリアデザインの勉強をしてくる」
「イタリア? それで語学学校に行ってたの?」
「そう。此推伏3年。イタリア語も大体マスターしたし、留学のための貯金もしたしね。会社にいても希望がかなうわけじゃないから。きょう辞表を出してくる」。そう言って勢いよく玄関を飛び出した。

美大に通っていた姉は就活がうまくいかず、不動産会社で経理事務をしていた。姉は高校の頃から、インテリアの仕事をしたいと言ってはいたが、そこまで強い意思があるとは思っていなかった。昔からどちらかというとおっとりしていて、自分よりも他人に先を譲るような性格だった。だから驚いたというより、姉の芯の強さを見せつけられた気がして、心の中で喝采を送った。

こんな感じの文章だとどうだろうね。姉の「状況」ではなく「行動」から始まっているよね。「急にどうしたの?」っていう「私」の質問が、いわば「Why」の役目になってるんだ。

LESSON 21　あるがままの君がすてきだ　〜写生文を使って客観的に書く〜

　　── そうですね。その後に「時間の無駄」とか「イタリアに行って
　　　　インテリアデザインの勉強をしてくる」っていう「状況」と
　　　　「変化」の説明になってる。

　その後も「私」の質問を挟んで、さらにここに至る「状況」を説明して
いるだろ。

　　── そして「勢いよく玄関を飛び出した」っていう姉の「行動」
　　　　が書かれているってわけね。

　そう。その後は私の視点で、姉が「美大に行っていたこと」「不動産
会社で経理をしていること」に続いて、これまで思い描いていた姉の
性格が「状況」として描かれている。

　　── そうか、それを受けて姉に対する私の思いの「変化」で締め
　　　　くくられているってわけですね。

　そういうこと。つまり「状況」「行動」「変化」は、必ずしもこの順番
でなくていいってことなのさ。大切なことはこの三つの要素を展開させ
ていくことなんだ。

　　── そうなんですね。客観的に見られるようになるっていうのは、
　　　　どういうことですか。

184

たとえばこんな例ではどうかな。

〈例2〉

バラの花が綺麗だった。

―― どこかおかしい？ 普通の文だと思うけど。

これは、普通の文だよね。

―― なんだ、脅かさないでくださいよ。

でもね、「綺麗だった」っていうのは、どう綺麗だったんだろうね。

―― えっ、どう綺麗って？ バラの花だからじゃない？

バラの花といっても、いろいろあるんじゃないのかな。この文を書いた人の「綺麗」と君が想像する「綺麗」は違うかもしれないよ。
つまり、それぞれの主観的な考え方で解釈すると、書いた人の思いが読み手に通じなくなるんだ。

―― それはそうだけど、バラってやっぱり綺麗な花の代表でしょ。

LESSON 21　あるがままの君がすてきだ ～写生文を使って客観的に書く～

　それこそが、思い込みの第一歩だと思うな。書いた人が自分の思いをちゃんと伝えられなければ、それは文章とは言えないんじゃないかな。それで、「Why」の登場ってわけ。なぜ綺麗なのかを問えばいい。たとえば、

> **〈例3〉**
> 　そのバラは深紅の花びらが何重にも巻かれ、中心が巻き貝のように硬くしまっている。花びらをつーっと転がる雨粒は、その透明の膜に葉や空の色を映していた。

こんなふうにするとどうだい？

　　—— あれ、私が思っていたイメージと違うなあ。雨上がりなんて
　　　　思いもしなかったし、この文章はバラそのものよりも、
　　　　バラのある風景を描いているようにもみえますね。

　でしょ。つまり単に「綺麗」と書いても、それは主観的な表現だから、書き手と読み手のイメージがずれてしまうってことなんだ。
〈例3〉のように、あるがままを写し取ると書き手と読み手がイメージを共有できるようになるんだ。写生文と言って、俳人の正岡子規が唱えていた方法論でね。絵画のスケッチを文章に移し替えたものなんだ。

正岡子規？　だれ？

写生は物事をあるがままに写し取るので、主観的な表現ではなく客観的な表現になるんだ。しかし、そこに描かれた客観的な文を通して、共通するイメージができて共感を呼ぶのさ。

  ――へえ、そうなんだ。「Why」から客観性が出てくるっていうのは、こういうことなんですね。

よし、それじゃ、改めて自分の長所を 10 個挙げてみてごらん。

  ――えー、確か師匠に会ってすぐのときに言われて、ほとんど書けなかったんだ。わー、どうしよう。

どうしようじゃないよ。もう書けると思うよ。やってごらん。

わたしの長所

1. 物心ついてからほとんど風邪をひいたこともないほど、健康には自信がある。

2. 小学5年のときにトランペットに出合ってから、約10年吹奏楽を続けている。これと思ったことは、投げ出さずに最後まで全力で続けることができる。

3. 大学3年で初めて全体の指揮を執った。各パートの楽譜を読み込み、全体をどうまとめて表現するのかなど、うまくリーダーシップをとるよう心がけた。

4. 福島復興の一助になればと思い、被災地に出かけて演奏をした。被災者の皆さんから「ありがとう」という言葉を頂き、私も前向きに生きる自信につながった。

5. 大学受験では思うように成績が伸びず、苦戦した。しかし、最後の最後まで諦めず、踏ん張ることができた。粘ることの大切さを学んだ。

6. 友達がゼミの仲間とうまくいかないと悩んでいたとき、彼女を家に呼んで朝まで話を聞いたことがある。私が何かをアドバイスできたわけではないが、彼女が思いの丈を

吐き出すまで、付き合った。

7. 家の近くにファストフード店ができて、ゴミのポイ捨てが増えた。そこで、学校に行く際に、通り道に落ちているゴミを拾って捨てることにした。半年くらいすると、近所の小学生が手伝ってくれるようになり、次第に朝の清掃が自主的に始まった。どんな些細な事でも丁寧に続けていると賛同者が増えることを知った。

8. コーヒーショップのアルバイトを4年間続けた。お客様が子供連れなら、ストローを一つ差し上げるなど要求される前にサービスをすると、とても喜ばれる。サービスは観察力なのではないか、と考えた。

9. 生まれつき笑い顔だ。高校の文化祭で芝居をしたときに、悲劇的な女性を演じることになった。悲しむシーンでどんなに悲しい顔をしても演出から「もっと悲しそうに。それじゃ、笑ってる顔だよ」と言われた。何度やってもダメだったので、着物の袖で顔を隠して泣く演出に変わった。

10. 歩くことが苦にならない。2時間くらい歩いてもほとんど疲れない。毎日通る道をそれて、見知らぬ路地を通るのが好きだ。それだけで、全くの異空間を味わえるからだ。

LESSON 21　あるがままの君がすてきだ ～写生文を使って客観的に書く～

　いやー、ずいぶん書いたねえ。どうだい、最初のときと全く違うだろ。一言で「元気」「一生懸命」とか言っていたのと、明らかに違うじゃないか。

　── そうですね。でもこれって長所と言えるのかな。無駄なことばかり書いているようにも思えるんだけど。

　そんなことはないよ。これだけ長所にまつわる話まで書ければ、ESなんて恐れるに足らずだよ。これは自分と向き合えたからこそ書けたものなんだからね。

そんなもんかなあ。

　文章もしっかりしてきたじゃないか。ここまで来れば、あと一息だな。というわけで、きょうはここまでね。デパートに行ってスーツ取ってこなくちゃ。

　── うーん。何か文章らしいものは書けたような気がするんだけど、本当にこれでいいのかなあ。師匠、あれ？ また消えた。帰り際の魔術師だ。

―― きょうも結局、「Why」の使い方だったなあ。「状況」「行動」「変化」は、どういう展開の仕方でもいいけど、この要素を意識すること。客観的に文章を書くには写生文を使う、かあ。しかし、これは初めて聞いた言葉だし、正岡子規って人も知らなかったな。家に帰って調べておこう。

すずメモ

・「状況」「行動」「変化」の要素は、この順番通りに書く必要はない。

・スケッチを描くように、あるがままを写し取る書き方を「写生文」という。

・あるがままを写し取ると、書き手と読み手がイメージを共有できる。

・自分の長所を10個書くことができた。

LESSON 22
スリムなボディーで力強く
いよいよESに挑戦 学生時代に頑張ったこと

　さて、自分の長所もしっかり書けるようになったから、そろそろエントリーシート（ES）に挑戦してみようかな。

　—— はい。よろしくお願いします。

ところで、何のために会社に入るの？

　—— えーと、本音の部分で言えばオカネを稼ぐためかな。

正直でよろしい。まあ、それを否定することはできないよね。でも、会社はなんで社員にオカネを払うんだろうね。

　—— 会社の役に立つっていうことじゃないかな。

―― ほかに何かあるんですか？

自分の Value（価値）を会社に売るっていう考え方。

―― Value ？

そう。自分以外の人には真似できない何かがあれば、会社という組織の中での存在意義が増すだろ。

―― チャプリンの「モダン・タイムス」で描かれている世界とは逆ですね。

そうだね。機械と同じような歯車になった人間の尊厳を問う映画だったよね。あれはまさに労働時間を売っているわけだよね。でも変化の激しい現代では、会社にとっても単に労働時間を売る人ではなく、会社が存続するための知恵や発想、創造力を持った人が欲しいんだ。ESはそこを見ていると思った方がいい。

―― でも、私に会社を背負うような Value なんてないし、将来は結婚もしたいし子供も欲しいし…。お茶くみやコピー取りみたいな仕事も嫌いじゃないけど、毎日それじゃなあ。

だから、自分の長所をしっかり見極めておくことが大切なんだ。

まず、ESがどういう構成になっているかを知っておいた方がいいと思うんだ。

> へえー、構成? そんなの考えたこともないな。

── ESの構成ってどこも同じなんですか?

大体ね。こんな感じになっていると思うよ。

ESの構成

1) 自己PR／学生時代に頑張ったこと
2) 志望動機

こんなもんでしょ。これに付随していろいろなことを聞かれるだけだから。

── たった二つだけですか?

自己PRって、学生時代に頑張ったことだろ。学業、部活、学外活動が中心になるから、本来はあまり差がつかないはずなんだ。それでもESを読むと違うんだよね。ここがしっかり書けている学生は、志望動機もしっかり書けてるんだな。

―― それでも、志望動機は難しいですよ。　そういうものなのか〜。

志望動機のために、企業研究をするだろ。でもそんなものは、いくらでも資料があるから、実はさほど難しくないんだ。
書店の就活コーナーにいろいろな本が並んでいるし、大学の就職部にも資料はあるだろうしね。それを基にOBやOGを訪問して確認することもできるから。

―― そうかあ。資料はたくさんありそうですね。

LESSON 22　スリムなボディーで力強く　〜いよいよESに挑戦 学生時代に頑張ったこと〜

何度も言うようだけど、自分が何者かがわかっていないと、自分がやりたいことと、その会社が求めているものとを比べられないからね。

—— だから自己評価をしっかりしなさいってことなんですね。

おー、わかってきたじゃない。それじゃ、ESを見てみようかね。

> **ESの設問**
>
> 1) 学生時代に一番力を入れたことを具体的なエピソードを交えて記入してください。
>
> 2) これまでの人生のなかで取り組んだ一番難しい課題について教えてください。
>
> 3) あなたが学生時代にした最大のチャレンジは何ですか。具体的に記してください。

ESのなかには、こんな設問があると思うんだ。これって、自己PRだし、学生時代に頑張ったことだろ。

—— 設問の表現は違うけれど、ここで求められているものは、学生時代に何を頑張ったかってことですね。

それじゃ、ちょっと長めの400字で書いてごらん。

いきなりかあ〜。こりゃ難しいぞ。

すずの自己PR

　小学5年から吹奏楽でトランペットを吹いてきました。大学では応援部のなかにある吹奏楽に所属しました。仲間のなかには不満を持つ者もいました。3年の時に、独立した吹奏楽部を作りたいと、後輩が大量に退部願を出してきました。しかし、機材や専門の先生に指揮をお願いする予算などをまかなうことは、現実問題として困難です。何よりも吹奏楽を中心に集まった仲間がバラバラになってしまうことがとても残念でなりませんでした。

　そこで、ひとりひとりに会って、意見を聞くことから始めました。毎日毎日、後輩を誘ってカフェに行きました。そして応援部の活動と、吹奏楽の練習時間を取って発表し、吹奏楽の大会にも参加する案をまとめました。練習はかなり厳しくなるけどいい？と聞くと、みんなそれでもいいと言ってくれました。応援部にも話をするといいんじゃないか、と返事をもらいました。結局、ほとんどの仲間を部に呼び戻すことができました。
　　　　　　　　　　　　　　　　　　　　　　　　（395字）

—— 師匠、これでどうですか？

　へえ、大学時代にこんな大事件があったのかい。そりゃ、よく頑張ったねえ。これを基にして、エピソードをたっぷり書いていこう。

LESSON 22 スリムなボディーで力強く 〜 いよいよＥＳに挑戦 学生時代に頑張ったこと 〜

―― でも、そんなに自慢するような話でもないと思うんだけどな。こういうことをＥＳに書いちゃっていいのかな。

もちろんだよ。文章は少し手を入れた方がいいけどね。

「大学では応援部のなかにある吹奏楽に所属しました。仲間のなかには不満を持つ者もいました」

ってさらっと書いているけど、どうして応援部のなかにある吹奏楽に所属したの？ なんで仲間は不満を持ったの？ そこを知りたいな。

―― それは、独立した吹奏楽部がなかったんです。オーケストラ部はあったんだけど。

それじゃ、そこを書き加えた方がいいな。

おじさんの改善例 1

小学 5 年から吹奏楽でトランペットを吹いてきました。大学には独立した吹奏楽部がなかったため、応援部のなかにある吹奏楽に所属しました。仲間のなかには「応援部の吹奏楽」に不満を持つ者もいました。

こんなふうに、その理由（Why）を書き加えるんだよ。

198

―― あ、また Why だ。すぐ忘れちゃうなあ。

「3年の時に、独立した吹奏楽部を作りたいと、後輩が大量に退部願を出してきました。しかし、機材や専門の先生に指揮をお願いする予算などをまかなうことは、現実問題として困難です」

ここの「独立した吹奏楽部」ってどんな形なのかな。

―― 自主的な同好会サークルにしたいって。

それじゃ、それも書き加えておこうよ。

おじさんの改善例 2

　3年の時に、独立した吹奏楽部を作りたいと、後輩が大量に退部願を出してきました。同好会のサークルとして活動するというのです。しかし、機材や専門の先生に指揮をお願いする予算などを賄うことは、現実問題として困難です。

ね、こうすればいいでしょ。

その次の、

「何よりも吹奏楽を中心に集まった仲間がバラバラになってしまうことがとても残念でなりませんでした」

ここはいいね。仲間が独立することよりも、それによってバラバラになることの方がつらいっていうことがうまく書けてるよ。

—— ありがとうございます。
〈珍しくほめられた〉

次の、

「そこで、ひとりひとりに会って、意見を聞くことから始めました。毎日毎日、後輩を誘ってカフェに行きました」

まあ、具体的に書こうという意欲はわかるけど「毎日毎日、後輩を誘ってカフェに行きました」って書くと、コーヒーをご馳走して折伏した、みたいな感じに受け取られても逆効果だから、ここは「会って話を聞いた」くらいでいいんじゃないかな。

—— えー、その見方やらしくないですか!?
それにコーヒーじゃなくてパフェだし。

おじさんの改善例 3

そこで、ひとりひとりに会って、意見を聞くことから始めました。

最後のまとめは結構大切だから、しっかり書くんだよ。

「そして応援部の活動と、吹奏楽の練習時間を取って発表し、吹奏楽の大会にも参加する案をまとめました。練習はかなり厳しくなるけどいい?と聞くと、みんなそれでもいいと言ってくれました。応援部にも話をするといいんじゃないか、と返事をもらいました。結局、ほとんどの仲間を部に呼び戻すことができました」

ここは、全体の流れは悪くないね。ただ、少し表現が幼いからそこを直そう。

「応援部の活動と、吹奏楽の練習時間を取って発表し」のところを、応援部の活動をしたうえで、さらに頑張るっていう感じを出したいね。何を発表するのって疑問も残る。「案をまとめ」てどうしたんだろうね。

―― 確かにそうですね。「発表の場を設ける」っていう意味です。次のところも「案をまとめてみんなに提案した」ってことを書きたかったんです。

なるほど。それがわかるように書いてみよう。そして、

「練習はかなり厳しくなるけどいい?と聞くと、みんなそれでもいいと言ってくれました。応援部にも話をするといいんじゃないか、と返事をもらいました」

この部分のバランスが悪いなあ。ここだけ口語体になっているからね。

> ### おじさんの改善例 4
>
> 　そして応援部の活動とは別に、吹奏楽の練習時間を取って発表の機会を設け、吹奏楽の大会にも参加することを提案し、応援部の協力も得ました。練習はこれまで以上に厳しくなりましたが、退部願を出したほとんどの仲間を呼び戻すことができ、以前よりも結束力が高まりました。

ね、これなら君の言いたいことがすべて入っただろ。

―― でも師匠、これだと 400 字に収まらないんじゃないですか?

どうかな? たぶん大丈夫だと思うよ。通して見てみようか。

Final STEP

おじさんの改善例 振り返り

　小学5年から吹奏楽でトランペットを吹いてきました。大学には独立した吹奏楽部がなかったため、応援部の吹奏楽に所属しました。仲間のなかには「応援部の吹奏楽」に不満を持つ者もいました。3年の時に、独立した吹奏楽部を作りたいと、後輩が大量に退部願を出してきました。同好会のサークルとして活動するというのです。しかし、機材や専門の先生に指揮をお願いする予算などを賄うことは、現実問題として困難です。何よりも吹奏楽を中心に集まった仲間がバラバラになってしまうことがとても残念でなりませんでした。

　そこで、ひとりひとりに会って、意見を聞くことから始めました。そして応援部の活動とは別に、吹奏楽の練習時間を取って発表の機会を設け、吹奏楽の大会にも参加することを提案し、応援部の協力も得ました。練習はこれまで以上に厳しくなりましたが、退部願を出したほとんどの仲間を呼び戻すことができ、以前よりも結束力が高まりました。

　ね、これで398字。書くべきことをしっかり書き込んでいけば、このくらいの字数にはなるんだよ。あとは必要に応じて、これを縮めればいいだけさ。

　　── す、す、すごい！　最初の文章とは全然違う。しかもほぼ
　　　　400字。どうなってるんだ？

203

LESSON 22　スリムなボディーで力強く　〜いよいよＥＳに挑戦 学生時代に頑張ったこと〜

　まあ、いい線いってるから、このまま書いていけば大丈夫だよ。ああ、肩こったなあ。マッサージに行ってこよう。それじゃ、またね。

　——　そうかあ。自分を客観的に評価できないと、自己アピールとか学生時代に頑張ったこととかがしっかり書けないっていうことなのね。またWhyっていう要素が抜けちゃったなあ。やっぱり、これを書かないと話にならないな。
　あ、ＥＳの構成のうち、まだ一つしか終わってないじゃない。これでＥＳ大丈夫か？
　師匠、また消えた。最近、気配消すのがうまくなったんじゃないかな。

すずメモ

・自分のValueを見つけよう。
・結局、コンパクトでスリムな文章を目指すべきだ。
・必要なことを書けば、自然にスリムな文章になる。
・ＥＳがんばるぞ！

LESSON 23

自分のストーリーを描き出せ

志望動機の書き方

今回は、志望動機の書き方を考えてみようか。

── 志望動機って会社によって書くことが違うんじゃないですか？

そうだね。それでも、その会社にとって大きな価値を与えてくれるような人と一緒に仕事をしたいという思いは、どこも共通していると思うんだ。だから、ESを読んで何度か面接をして、君の情熱、やる気、将来の可能性を探りたいんだよ。

── そうなんですね。

ところで、どんな分野の仕事をしたいと思っているの？

── 商社の仕事をしたいと思っています。

ほう、はっきりしてるねえ。

LESSON 23　自分のストーリーを描き出せ　〜志望動機の書き方〜

—— はい、自分の長所を書き出せるようになって思ったんです。歩くのは苦にならないし、健康でしょ。フットワークもあるし、吹奏楽をずっと続けてきた粘りもあるし、分裂しかかった部活を何とか立て直すこともできたから、これって交渉力ってことにならないかな。

うん、いいねえ。こういう見方ができるっていいよ。

—— ありがとうございます。それで、商社っていろいろな分野の物を扱っているでしょ。食品や鉄鋼、石油、ファッションもある。私は、食べることが好きだから、食品の取り扱いをしたいな、と思って。

それなら、商社だけじゃなくて食品会社もあるね。

—— そうなんだけど、世界の食糧事情を見ていると、飽食を極めている地域と貧困で苦しんでいる地域の差が大きいと思うんです。だから、世界を視野に入れた商社で食品を扱って、そういう格差をなくしていけたら、と思ったんです。それは、福島の被災地に行ったときにも感じたことなんだけど。

随分、しっかりと考えを言えるようになったねえ。

—— まだまだだけど、少しずつ自分の考えをまとめられるようになってきたかな。

初めの頃に比べれば、雲泥の差だよ。それじゃ、400字でその志望動機を書いてごらん。

いきなりかあ〜。
こりゃ難しいぞ。

チラチラ

LESSON 23　自分のストーリーを描き出せ　〜志望動機の書き方〜

志望動機

　私は世界の食糧事情を改善したいと思い、御社で仕事をしたいと思います。

　応援部の活動で、毎年福島の被災地を訪ねて、応援演技と吹奏楽の演奏をしてきました。住民の方から「震災直後の食糧確保がとても大変だった」と聞きました。そのころ、私がアルバイトをしているカフェでは、賞味期限が来たサンドイッチはその日に随時、処分していました。デパ地下などでは、賞味期限が近づくと値引きしています。それなら、賞味期限が近づいている食べ物類を期限内に一定程度、被災地に届けるようなことができればよかったのに、と思いました。

　これと同じことが世界中で起こっています。食糧を大量に消費して肥満に陥っている人がいるのに、まともな食糧を手にできない子供達がいます。この不公平を正していきたいと考えたことが志望理由です。

　私には応援部で鍛えた体力があります。移動中の乗り物のなかですぐに寝られるという特技も商社の仕事に生かせると思います。
（399字）

―― これでどうですか？

身近な問題に引きつけたという点では、いいと思うんだけど、これなら国連に行けばいいじゃないか、って声も聞こえてきそうだね。

—— ああ、そうか。国際支援活動ってことですね。難しいなあ。

まあ、そういうこと。「食糧事情を改善したい」は具体的にどういうことなんだい？

—— 後ろの方にも書いたように、世界中の人が飢えないようにしたいっていうことなんです。

だったらそういうふうに書いてみよう。「御社で仕事をしたいと思います」ってのが弱い！ この会社を希望するのに「仕事をしたいと思います」はないね。しっかりと言い切らないと。

おじさんの改善例 1

> 私は世界から飢餓をなくし、笑顔を増やしたいと思い、御社を志望します。

こう書いたらどうだろう。かなり大胆な書き方だけどね。

LESSON 23　自分のストーリーを描き出せ ～志望動機の書き方～

―― こんな書き出し思いつかないなあ。

君の気持ちを前面に出しておくと軸がぶれなくていいだろ。

「応援部の活動で、毎年福島の被災地を訪ねて、応援演技と吹奏楽の演奏をしてきました。住民の方から『震災直後の食糧確保がとても大変だった』と聞きました」

ってところなんだけど、住むところも大変だったわけでしょ。もう少し「食糧確保」が大変だった理由が知りたいね。

―― 私が話をお聞きした方は、幼稚園と小学校に通うお子さんがいらしたので、避難してからの食べ物に苦労なさったそうです。

そこも盛り込んでみよう。そういうところは、はしょらずに書いた方がいい。以前聞いた応援部の合宿の話を入れようか。

おじさんの改善例 2

大学時代、応援部の吹奏楽に所属していました。毎年、春と夏に福島で合宿し、仮設住宅の前で吹奏楽を演奏しました。その時に、幼稚園と小学校に通うお子さんのいる住民の方から「避難してからの食べ物の確保に苦労した」という話を伺いました。

―― こうすれば話がぐっと具体的になりますね。

210

そうだろ。その後のところは、被災地との対比が出ていていいと思うんだ。ただ、「被災地に届けるようなことができればよかったのに、と思いました」という部分が、ひとりごとのようにも読める。だったら、自分で何とかしたのかっていう突っ込みが入るだろうね。

—— 店長に話をしたんだけど、食中毒の問題があるから廃棄にしているということだったの。届けるとなると、輸送コストもあるから独断では判断できないって。

だったら、そこも盛り込もう。

おじさんの改善例 3

　私はアルバイト先のカフェの店長に、賞味期限が近づいたサンドイッチなどを被災地に届けられないか、と相談しました。食べ物類は、賞味期限の日に随時、廃棄処分するのです。店長からは食中毒のリスクや、輸送コストの問題もあるので難しいと言われ、残念に思いました。

こうすれば、君が何もアクションを起こさなかったわけではなかったことがわかるね。

—— そうですね。

LESSON 23　自分のストーリーを描き出せ 〜志望動機の書き方〜

「これと同じことが世界中で起こっています。食糧を大量に消費して肥満に陥っている人がいるのに、まともな食糧を手にできない子供達がいます。この不公平を正していきたいと考えたことが志望理由です」の部分は、「これと同じことが世界中で起こっています」が、よくわからない。「これと同じこと」って何のことを言っているんだい？

　　── 戦争で国を追われた人たちのこと。

　なるほど。でもそれってやっぱり国連の仕事だね。商社でできる食糧支援ってもっと別のところにあるんじゃないのかな。

　　── それじゃ、だめですか？

　だめじゃないよ。その志は立派だと思う。ただ、ESの場合は違う攻め方をすべきだよ。商社はトレード（輸出入）の会社でしょ。援助が必要なところに食糧を届けることがメインの仕事ではないと思うんだ。むしろ、紛争や災害があってもなくても安定的に食糧を供給するシステムをつくるっていう考え方もできると思うんだ。

—— そうかあ。私は食べることが好きで、ご飯を美味しく食べられれば、笑顔が生まれるって思っているんです。

それだよ、まさにそこを書けばいいんだよ。

おじさんの改善例 4

私は食べることが大好きです。食べることで人は幸せになると信じています。食糧を大量に消費し、余った食糧を廃棄しているところがある一方、戦争や災害などで食糧を手にできない子供達もいます。私は世界の人達に安定した食糧を供給し、笑顔を増やしたいと考えています。

これでどうだい？ 自己PRにも応援団の吹奏楽をやっていたことが書いてあるだろ。それで体力がないとは思わないでしょ。

—— それもそうですね。字数を稼ぐために書いたってこともあるんだけど…。

やっぱりね。何か唐突だもんね。さて、通して見てみようか。

LESSON 23 自分のストーリーを描き出せ ～志望動機の書き方～

すずが書いた志望動機

　私は世界の食糧事情を改善したいと思い、御社で仕事をしたいと思います。

　応援部の活動で、毎年福島の被災地を訪ねて、応援演技と吹奏楽の演奏をしてきました。住民の方から「震災直後の食糧確保がとても大変だった」と聞きました。そのころ、私がアルバイトをしているカフェでは、賞味期限が来たサンドイッチはその日に随時、処分していました。デパ地下などでは、賞味期限が近づくと値引きしています。それなら、賞味期限が近づいている食べ物類を期限内に一定程度、被災地に届けるようなことができればよかったのに、と思いました。

　これと同じことが世界中で起こっています。食糧を大量に消費して肥満に陥っている人がいるのに、まともな食糧を手にできない子供達がいます。この不公平を正していきたいと考えたことが志望理由です。

　私は応援部で鍛えた体力があります。移動中の乗り物のなかですぐに寝られるという特技も商社の仕事に生かせると思います。

　君が最初に書いた志望動機と、手を加えたものを読み比べてみようかね。

おじさんの改善例 振り返り

　私は世界から飢餓をなくし、笑顔を増やしたいと思い、御社を志望します。

　大学時代、応援部の吹奏楽に所属していました。毎年、春と夏に福島で合宿し、仮設住宅の前で吹奏楽を演奏しました。その時に、幼稚園と小学校に通うお子さんのいる住民の方から「避難してからの食べ物の確保に苦労した」という話を伺いました。

　私はアルバイト先のカフェの店長に、賞味期限が近づいたサンドイッチなどを被災地に届けられないか、と相談しました。食べ物類は、賞味期限の日に随時、廃棄処分するのです。店長からは食中毒のリスクや、輸送コストの問題もあるので難しいと言われ、残念に思いました。

　私は食べることが大好きです。食べることで人は幸せになると信じています。食糧を大量に消費し、余った食糧を廃棄しているところがある一方、戦争や災害などで食糧を手にできない子供達もいます。私は世界の人達に安定した食糧を供給し、笑顔を増やしたいと考えています。

まあ、いい線じゃないかな。これでなんと、400字。

LESSON 23　自分のストーリーを描き出せ ～志望動機の書き方～

　――　ほんとだ！　最初と最後の段落がきっちり符合したし、これならなんだか受かりそうな気がします。

　ハハハ！　そりゃ、そりゃ。こういう具合に書き出しの部分が巡り巡って、最後にピッタリ合うと説得力が出てくるからね。これでもまだパラパラした感じはあるけど、志望動機に400字も書かせる会社は少ないと思うので、これをうまく要約すれば十分だよ。

　よし、きょうも頑張ったなあ、俺！
　じゃ、帰るよ。これからバーベキューの買い出しに行かなくちゃ。

すずメモ

・志望動機は、自分に引きつけて書く。

・エピソードは、できるだけ具体的に書く。

・書き出しと最後がバラバラにならず、
　ピッタリくっつくように書く。

EPILOGUE　エピローグ

　　── 師匠、きょうは何をテーマに書きましょうか。

ああ、もういいんじゃないかな。

　　── え、もういいって、どういうことですか？

うん。もう教えることがないから。あとは、これまで言ってきたことをしっかりやっていけば、もうじゅうぶんだよ。

　　── 何か気にさわることを言いましたか、私。

そんなんじゃないよ。あとは、自分の書いたものを自分で見直していく練習をしてほしいんだ。推敲って言葉もあるくらいだから。君の場合は基礎的なことはできているので、あとは何度も見直して、書きたいことがじゅうぶん書けているか、書き足りないところがないかどうかを見ていけばいい。そして不必要なところを削れるかどうかだけだよ。

　　── ホントですか？　全然自信ないんですけど。

そうかなあ。まあ、文章を削るっていうのが、実は難しいんだけどね。これも客観的に自分の文章を見られるかどうかだから。それも訓練だね。

217

―― そうは言っても……。師匠、ここで放り出すんですか?

僕なんか、誰にも文章の書き方なんて習わなかったんだよ。ビジネスだって初めてのことに挑戦していかなくちゃならないだろ。自分で状況を分析して、それにどう対応するかを考えるのは、結局自分だしね。そのときに文章にしてまとめられるのは、とても重要なことなんだ。誰も面倒を見てくれないよ。

―― そう言われればそうだけど。

ま、しっかりやってみなさいよ。ここまでやってきたんだから、自信持ってさ。大丈夫、待ってるからさ。

―― え? 待ってるって?

面接…え? いやまあ、なんだ。ああ、内定をさ。

変なの。っていうことで、それ以来、おじさんはカフェに来ても、グランデサイズのカプチーノを飲みながら、本を読むだけ。時々こっちを見てピースサインを出す。
ピースっていうのも、少し古い気はしたけど、安心感はあった。

師匠の特訓は、ＥＳだけじゃなくて面接でも生きたんだ。面接で聞かれたことは、ＥＳに沿ったものがほとんどだったけれど、「これまでの自分」と、会社における「これからの自分」というストーリーをどう描くかがポイントだった。

　小手先でＥＳを書いても、役に立たないってこともわかった。しっかりした文章力を身につけていると、自己表現もうまくなるみたい。面接もスムーズにいったしね。急がば回れってこういうことを言うのかな、って初めて思った。

　結局、第一志望のＯＢ２商事に合格。ほかにも、商社２社と、食品会社からも１社内定をもらうことができたの。運命って不思議なものなんだ。だってその師匠こそが…。

会社に入ると、驚くほど文章を書かなくてはならないの。企画書、稟議書（りんぎ）、お客様へのお礼状、クレームに対するお手紙、メール…、もう山ほど文章に囲まれている。文章力はパワーポイントを作るときにも構成を考えるのに役立つ。師匠の言うことについていくのは大変だったけど、いい勉強になったと思う。

　皆さんにも、自分のストーリーを、自分の文章でしっかり描けるようになってほしいと思うんだ。以上が私の経験談。
　それでは、またどこかでお会いできる日を楽しみにしています。

　あ、ワイン買いに行かなくちゃ。

あとがき

　本書を書きながら、かつて京都橘大学・甲斐睦朗教授の授業風景を思い出していた。窓に差し込む初夏の日差しは、曇りガラスがふんわりと微細な粒にかえて小さな教室を包む。そのなかで1回生が数グループにわかれて、新聞数紙の見出しやレイアウトを比較・発表し、意見交換するのだ。僕は先生の取材で授業にお邪魔したのだが意見を求められ、見出しのつけ方やレイアウトなどについて少し話をしたように思う。

　彼らの発表を聞いていて、記事を書くことはその対極に読み手がいるのだという当たり前の事実に、改めて気づかされた。その後、この僕が「文章を書く」ための本を初めて出すことになった。必死になって、読み手に伝わる文章はどうあるべきかを考えて書いた。なぜか評判がよく、幾つか版も重ねた。そして昨年、「何か面白い本を出したい」と、僕の本を読んだ大和書房の編集者・斉藤俊太朗さんが声を掛けてくれた。丁度そのころ、僕は起業や新規事業に取り組むちょっと風変わりな人たちが集まる「事業構想大学院大学」という学校で、同期35人と机を並べていた。そして同じ授業を取っていた浅川浩樹さんと小嶋英貴さん、小櫃俊介さんとで「何か面白いことをやりたい」と話していたのだった。

「面白い」と「面白い」が化学反応を起こし、本書が出来上がった。コンセプトが決まったのは昨年暮れ。東京タワーのほど近くにある庶民的な蕎麦屋でだった。浅川さんが書籍デザインとイラストを、小嶋さんが文章の分析を担当してくれた。小櫃さんには謎のおじさんのキャラクターイメージを引き受けてもらった。斉藤さんには全体のコーディネートを受け持ってもらった。学びの場には、目的を一(いっ)にする仲間たちの不思議な力が宿る。京都橘大学で学んでいた若者と我々の姿が二重写しになった。幸せな時間は、再び文章を書くことの意味を考えさせてくれたのだった。

　冒頭に紹介した元国立国語研究所所長の甲斐睦朗先生を始め、早稲田大学の笹原宏之教授、ハーバード大学医学部の根来秀行教授、三省堂辞書編集者の奥川健太郎さん、読売新聞の関根健一さん、宣伝会議取締役でもある事業構想大学院大学の田中里沙学長、同大学院の江端浩人教授に、過分な推薦文を頂戴した。この場をお借りして、深く感謝申し上げます。

2017年春　佳き日に
朝日新聞メディアプロダクション校閲事業部長
未来交創ビジョンクリエイター
前田　安正

・・・

〈主な参考資料〉
『日本国語大辞典』(小学館)は、ジャパンナレッジ(インターネット辞書・事典検索サイト)から
『助詞・助動詞の辞典』(森田良行著、東京堂出版)
『てにをは辞典』(小内一編、三省堂)

著者

前田 安正（まえだ・やすまさ）

朝日新聞メディアプロダクション校閲事業部長 ／ 未来交創 ビジョンクリエイター

早稲田大学卒業、朝日新聞社入社、名古屋本社編集センター長補佐、大阪本社校閲マネジャー、用語幹事、東京本社校閲センター長、編集担当補佐兼経営企画担当補佐などを歴任。国語問題、漢字についての特集や連載、コラムを担当。漢字の字源、文章に関する本など著書も多い。朝日カルチャーセンターのエッセイ教室や早稲田大学生協主催の就職支援講座を担当。「文章の直し方」など企業の広報研修にも出講。

未来交創という組織を立ち上げ、ビジョンクリエイターとして企業の文書コーチングなどを手掛け、活躍の場を広げている。

プロデューサー

浅川 浩樹（あさかわ・ひろき）

クリエイティブ・コンサルタント ／ コンセプトデザイナー ／ デザイナー

多摩美術大学卒業（プロダクトデザイン専攻）。INAX（現 LIXIL）で水まわりの商品デザイン、コクヨファニチャーでオフィス、ホテル、ショールームなどの空間デザインを担当。デザイン事務所で、事業構想とデザインのワンストップ・クリエーション担当を経て、独立。主な受賞歴に、グッドデザイン賞（共同出願）、日経ニューオフィス賞（共同出願）など。

製品・サービスの起案、コンセプトの策定、ブランドメッセージにつなぐ商品・コミュニケーションツール・場のデザインをサポート。わくわくする未来をクリエイティブの力で実現する活動を広げている。

マジ文章書けないんだけど　朝日新聞ベテラン校閲記者が教える一生モノの文章術

2017 年 4 月 30 日　第 1 刷発行
2017 年 6 月 25 日　第 7 刷発行

著者	前田安正	ブックデザイン・DTP	浅川浩樹（未来交創）
発行者	佐藤靖	本文・カバー印刷	歩プロセス
発行所	大和書房	製本所	小泉製本

発行所
大和書房
東京都文京区関口 1-33-4
電話　03-3203-4511

©2017 Yasumasa Maeda, Printed in Japan
ISBN 978-4-479-79586-5
乱丁・落丁本はお取り替えいたします。
http://www.daiwashobo.co.jp/